JN097535

こどもの心に響く

とっておきの話 100

くろぺん 著

はじめに

「子どもたちの前で何を話したら良いのか分からない」

「どうしたらもっといい話ができるだろうか」

本書を手に取ってくださった読者の方は、こうした困りごとを抱えているのではないでしょうか。私もこの実践をはじめる前はそうでした。

先生は、子どもに「話」をします。これは絶対です。朝の会や帰りの会には、当たり前のように「先生の話」コーナーがあります。授業も大きな枠では「先生の話」と捉えても良いでしょう。先生が一度も口を開かずに成り立つ授業は無いからです。このように、一日中子どもに「話」をしています。こんなに話をする場が与えられているのに、冒頭の困りごとを抱えている先生方が多いのです。それは、いったいなぜなのでしょうか？

理由は簡単です。話し手である先生自身が受け身だからです。学校現場は、聞かせるべき話で溢れています。職員室で挙がった生徒指導の話、委員会活動の話、時間割の連絡、テストの予定、学校行事の話など、毎日の連絡事項は膨大にあります。こうした話を受け身のまま子どもに聞かせていると、主体的に話すという感覚が分からなくなっていきます。受け身に慣れてしまうのです。

では、子どもたちはあなたの聞かせるべき話を真剣に聞いているでしょうか。受け身でつくられ、話されて興味をもつでしょうか。きっと首を縦に振る人は少ないでしょう。つまり、内容は重要であっても、話し手である先生自身が受け身なせいで、子どもたちに切実性をもって伝わらないのです。一方、子どもたちは、先生がアドリブで思い付いた雑談のような話の方がよっぽど耳を傾けます。なぜなら、それは先生が聞かせたいと主体的に創り、話したからです。

では、どこに自分の聞かせたい話が転がっているのか。それは、あなたの中にあるのです。それなのに、私たちはなぜか外に探しに行ってしまいます。私も同じでした。書店の教育書コーナーに行き、所謂「いい話集」のような本を読み

漁ったのです。しかし、それだけでは子どもたちの前で上手く話すことができません。それは、自分ではない誰かが決めた「いい話」だったからです。つまり、ここでも受け身で話すことから脱け出せていなかったのです。結果、せっかく苦労して集めたにも関わらず、子どもの心に響く話ができませんでした。

　こうした経験から、私は気付きました。聞き手となる目の前の子どもたちの実態を一番良く理解しているのは、担任である自分自身である。だからこそ、その実態に合わせた子どもの心に響く話をするためには、「自分が本心から聞かせたい話だ」と思うことがスタートであると。あなたの『とっておきの話』は、あなたが創り、話してみせるからこそ、子どもにとっても『とっておきの話』になるのです。

　本書も所謂「いい話集」に分類される本となるでしょう。しかし、本書のねらいは、読者の方を受け身にして「いい話」だと押し付けて紹介するものではありません。そのまま真似して話したい話もあれば、合わない話もあるでしょう。なぜなら、あくまで筆者である私が聞かせたいと思って創った話だからです。だからこそ、お手本ではなく叩き台として、「自分だったらこう話す」という主体的な視点で読んでいただけると幸いです。その視点は読者によって違うでしょう。違って良いのです。あなたが本心から聞かせたいと思ったその話が、あなたの目の前の子どもたちにとって聴きたい話なのですから。

　教育学部の学生だった頃から始めた『とっておきの話』づくりは、今年で10年目の実践となります。創ってきた説話は450話以上。本書はその中から100話を、あらゆる観点で厳選し、修正を加えて掲載しています。Twitter上に公開していない新作も多数あります。どの話も、我が子のように大切に創り、話してきた私の『とっておきの話』です。たった1話でも、あなたにとっても『とっておきな話』が見つかり、冒頭の困りごとを抱えている人たちの助けになる一冊となれたら幸いです。ぜひ本書を片手に、『とっておきの話』が巻き起こす子どもたちとのドラマをお楽しみください。また、教員以外の方にとってもきっと心に響く話があるでしょう。まずは序章にて、『とっておきの話』の考え方や本書の使い方、索引ページをご覧ください。

目 次

はじめに ……………………………………………………………………… **001**

序 章

『とっておきの話』の考え方と使い方 …………………………… **005**
- ・『とっておきの話』の考え方
- ・本書の使い方
- ・『とっておきの話』の読み方地図
- ・学級経営で生じる教育的ニーズからの索引
- ・5つの力の「小技」からの索引
- ・道徳科の内容項目で索引

第1章

自分自身を見つめ直したくなる『とっておきの話』……………… **019**

コラム 「5分のとっておきの話と45分の授業」…… **080**

第2章

温かい人間関係をつくりたくなる『とっておきの話』………………… **081**

コラム 「一番熱をもって話せるのは自分が創った話」……… **142**

第3章

集団や社会の一員として活躍したくなる『とっておきの話』…………… **143**

コラム 「『とっておきの話』が連れてきたドラマ」… **184**

第4章

生命や自然、崇高なものから学びたくなる『とっておきの話』………… **185**

コラム 「誰しも『とっておきの話』をもっている」… **226**

終 章

もっと楽しむ!『とっておきの話』クリエイターへの道 ………………… **227**
- ・言葉を優しくする
- ・補足説明や補助資料を入れる
- ・自分なりの小技を生み出す
- ・1つの説話を2つの説話に分けて話す
- ・説話のカリキュラムマネジメント
- ・『とっておきの話』の道徳科授業化モデル

おわりに ……………………………………………………………………… **235**

序章

『とっておきの話』の考え方と使い方

『とっておきの話』の考え方

1　教師の語りと子どもの思考が織り成す双方向性の「説話」の効果

　『とっておきの話』とは、たった5分ほどで話せる心に響く道徳的な説話であり、教師の一方的な語りによる説話とは違う、教師の語りと子どもの思考が織り成す双方向性の説話と言えます。学習指導要領解説の中で「説話」と検索すると、その効果が以下のように述べられています。

　説話とは、教師の体験や願い、さまざまな事象についての所感などを語ったり、日常の生活問題、新聞、雑誌、テレビなどで取り上げられた問題などを盛り込んで話したりすることであり、児童がねらいの根底にある道徳的価値をより身近に考えられるようにするものである。教師が意図をもってまとまった話をすることは、児童が思考を一層深めたり、考えを整理したりするのに効果的である。
　教師が自ら語ることによって児童との信頼関係が増すとともに、教師の人間性が表れる説話は、児童の心情に訴え、深い感銘を与えることができる。なお、児童への叱責、訓戒や行為、考え方の押し付けにならないよう注意する必要がある。

『小学校学習指導要領（平成29年告示）解説 特別の教科 道徳編』(pp.85-86)

　つまり、教師が意図をもってまとまった話をし、自ら語ることによって、教師の人間性が表れ、次の3つの教育的効果をもたらすことができます。

　（1）児童がねらいの根底にある道徳的価値をより身近に考えられる。

　（2）児童が思考を一層深めたり、考えを整理したりする。

　（3）児童との信頼関係が増す。

　だからこそ、教師が語る説話は、明確な意図をもち、自ら語る、教師自身の人間性が表れる主体的な『とっておきの話』でなければならないのです。

2 道徳の枠に収まらない『とっておきの話』の活用場面

　では、説話は道徳の枠のみで発揮される教育実践でしょうか。つまり、道徳科授業がメインで説話はサポート的存在なのでしょうか。もちろん、本書でもそうした立ち位置から説話を検索できるようになっています。

　しかし、説話の活用場面はそれだけではありません。これまで私は、さまざまな場面でこの『とっておきの話』を実践し、その効果を実感してきました。朝の会や帰りの会での語り、生徒指導での語り、他教科の授業での語り、それぞれの場面で子どもたちの姿は変わりました。私の『とっておきの話』を聞いたことがきっかけで自分事として考え、思考を深め、考えを整理し、行動したのです。そして何より、児童との信頼関係が深まり、学級経営において欠かせない実践になりました。

3 『とっておきの話』を生み出す5つの力

　『とっておきの話』は、教師が次の5つの力を意識して鍛えていくことで誰でもできる教育実践です。授業づくりはハードルが高いと感じる先生方でも、まずはこうした説話づくりからはじめてみてはいかがでしょうか。本書ではそれぞれの力の具体的な活かし方や意図を持った鍛え方について、「小技」と呼んで索引や説話ページに載せています。

探す力	説話の素材を探し出す力
創る力	素材を使って説話を創る力
見せる力	説話中の素材の見せ方を工夫する力
話す力	説話中の話し方を工夫する力
つなぐ力	説話後に別の活動や媒体と関連させる力

本書の使い方

　本書は、説話の辞書としても使えるようにしています。探しやすいように、次の3種類の索引を用意しました。

1　学級経営で生じる教育的ニーズからの索引

2　『とっておきの話』を生み出す5つの力の「小技」からの索引

3　道徳科の内容項目からの索引

　もちろん、説話本文ページ中のアイコンから逆引きもできるようになっています。ぜひあなたに合った方法で本書をご活用ください。最も重要なのは、あなた自身の判断であなたに合った方法を選択し、主体的に活用する姿勢です。「『とっておきの話』の読み方地図」も参考に、切り口を変えながら何度も読み返してみてください。それは、お気に入りの場所へ何度も旅をするのと同じです。

本文中の ■━▶〉や吹き出し

実践する上での手立ての内容とタイミングを表しています。

提示》　長い言葉や写真などを見せます。

板書》　短い言葉や図解などを見せます。

挙手》　選択肢を与えて考える場や意思表示の場、理解度の確認の場を設けるために聞き手に挙手を促します。

指名》　子どもたち数人を指名して意見を聞きます。時間を割き過ぎないように気を付けながら、反応を返した上で話を進めます。

斉読》　全員で声を出して指示された言葉や文章を読みます。

復唱》　同じ言葉を繰り返し唱える時間を設けます。

演出》　物を使って動かしたり、話し手が演技をしたりします。

[学年に応じて意味を補足して説明する必要がある部分に]

『とっておきの話』の読み方地図

目指す子ども像や教師のねらい
素材にしたもの
学級経営に生かすポイント
どの内容項目の道徳科授業の説話として活用できるか

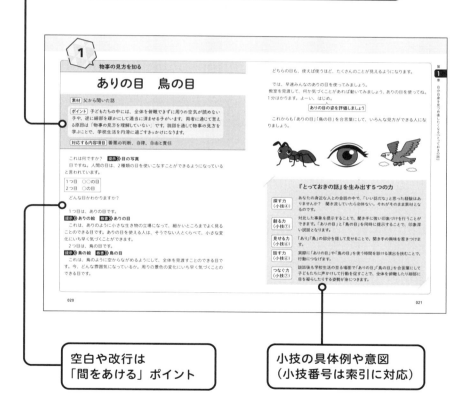

空白や改行は
「間をあける」ポイント

小技の具体例や意図
（小技番号は索引に対応）

学級経営で生じる教育的ニーズからの索引

A　自分自身を見つめ直したくなる『とっておきの話』

話	学級経営上のニーズ	タイトル
1	物事の見方を知る	ありの目　鳥の目
2	自分の行動を振り返る	やれなかった？　やらなかった？
3	自立して動く	飛行機人間とグライダー人間
4	素直に反省をする	反省は、未来につながるタイムマシン
5	立ち止まることの大切さを知る	ブレーキの達人
6	自由のための自立を意識する	私を支えるもの
7	自由と責任の関係性を考える	自由の芽と責任の芽
8	小さな言葉遣いや行動から変える	3つの「こ」が変わる
9	最後まで正直を貫く	皇帝にもらった花のたね
10	○分前行動を習慣化する	チャンスをつかむ○分前行動
11	見た目に気を遣う意識を高める	計量カップの中のお茶
12	ていねいな字を意識する	どんな気持ちで書いたでしょう？
13	身だしなみを整える	おしゃれな身だしなみ
14	自己肯定感を高める	自信と約束　〜自分との約束を守る自分に〜
15	自分の嫌なところと向き合う	大嫌いな自分も、大事な自分。
16	自分の良さを深め、広げる	自分だけの富士山を
17	怖がらず声を出す勇気をもつ	笑声＝笑顔を届ける声
18	「はじめる勇気」を後押しする	できるようになる唯一の方法
19	恥を乗り越える	恥をかくほど「み」になる
20	意識して行動する	意識しなければ高くとべない
21	努力の大切さについて考える	努力は成功を約束していないが、成長は約束している。
22	あきらめない心を育てる	「あきらめる」は後から身に付けた力
23	言葉遣いを見つめ直す	何を語っていますか？
24	一歩先の努力を意識する	プラスワン
25	大変なことを乗り越える	大変は、大きく変わる。
26	続ける力を鍛える	本物は続く　続けると本物になる
27	心機一転して進む	今日から、進年。
28	自分自身と勝負する	勝負するのは相手ではなく自分
29	違和感を大切に整理整頓する	違和感のすすめ
30	意味のある質問をする	ほしい答えにつながる質問

B　温かい人間関係をつくりたくなる『とっておきの話』

話	学級経営上のニーズ	タイトル
31	相手意識を育てる	自分勝手と相手意識
32	わけ合うことを大切にする	わけ合えばあまる
33	親切な心を育てる	これから親切
34	言葉を伝えるタイミングを考える	賞味期限のある言葉
35	相手のために動く	ドラえもん、ひみつ道具は出さなくていい。
36	相手を安心させる言葉を伝える	困っている人には
37	いつもと違う親切の形を考える	親切のキャップ
38	心を込めて行動する	心ってどこにあるのでしょう？
39	物にも人にも親切にする心を育てる	物を大切にできない人は
40	小さな恩を集めて大きな幸せを得る	恩送りとペイフォワード
41	感謝の伝え方について視野を広げる	ありがとうを重ねる
42	感謝の気持ちを伝える場面を考える	ありがとう込みの○○　＋THANKS
43	感謝が生まれる場面を知る	新しいありがとうを作る方法
44	先生との接し方を考える	先生は○○ではありません
45	大人との関係性も大切にする	大人を育てる
46	親しき仲の礼儀を知る	おもてなしと経験泥棒
47	仲間について考える	群れと仲間のちがい
48	チームで一丸となる	スーパーチームです
49	クラスメイトとの信頼関係を大切にする	全員そろってベストなクラス
50	仲間との絆の大切さについて考える	先生がペンギンを好きな理由
51	息を合わせて動く関係をつくる	サインフレンド
52	相手との関係性を考える	間言葉（あいだことば）
53	どんな自分を見せるかを考える	自分身を使い分ける
54	心の中にいる人の存在を意識する	心の中で生き続ける人
55	「きく」姿勢を身に付ける	聞く→聴く→訊く
56	上手な相づちの仕方を知る	うなずき名人と相づち名人
57	心のやわらかさをもつ	あなたの心はセトモノ？
58	優しい人見つけを始める	本当に優しい人は
59	報告・連絡・相談の大切さを知る	ホウレンソウのおひたし
60	分かち合う喜びを理解する	ミラーニューロン　〜分かち合う喜び〜

C 集団や社会の一員として活躍したくなる『とっておきの話』

話	学級経営上のニーズ	タイトル
61	一線を越えない心づかいができる人になる	線引きができますか？
62	ルールをみんなで守る	みんなで決めたから、みんなで守る。
63	偏見なく人と接する	選ぶより選ばれる人に
64	どの人とも公平に接する態度を養う	Win Win と Lose Lose
65	いろんな見方で人を見る	ネッカーの立方体
66	見られていなくても努力する	裏方努力＝陰徳
67	利他の精神で行動する	残り姿は美しく
68	親に感謝する気持ちを高める	親に感謝する日は４つ？
69	お手伝いを積極的にする	ファミリーメイト　～お手伝いより、おまかせあれ。～
70	家族の温もりを振り返る	千手観音の手
71	お弁当を作る家族の気持ちを考える	お弁当はふるさと
72	落ち着いた雰囲気をつくる	集中のシャボン玉
73	理想の学級像をイメージする	〇年〇組なべを作ろう
74	席替えの考え方を共有する	毎日席替えするクラス　席替えしないクラス
75	変化を成長につなげる	G を C に変える
76	一緒に学ぶ仲間の存在を感じる	なぜ西を向いて授業を受けるのか
77	居場所を再確認する	back to school
78	伝統を受け継ぐ人の存在を知る	一生を超える伝統時間
79	外国語を学ぶ良さを考える	英語で一番美しい言葉は？
80	外国の地域を細かく見つめる	どれもアメリカの写真です

D　生命や自然、崇高なものから学びたくなる『とっておきの話』

話	学級経営上のニーズ	タイトル
81	桜の生態性から友を待つ心を学ぶ	友を待つ桜
82	生き物の寿命から生命の尊さを知る	セミの一生
83	動物の命について考える	78円の命
84	食べ物を尊敬して食べる	尊敬しているから食べる
85	身近なことからSDGsについて考える	こんなところにSDGs
86	共生と生物多様性について考える	地球の家　～共生と生物多様性のレンガ～
87	自然のエネルギーを肌で感じる	海を見るだけで
88	感謝して食事をする	食事の裏に100人の手
89	先人の知恵に畏敬の念をもって学ぶ	あなたが一番かしこくなれる
90	目の前の景色に感動する心を育てる	見えているのはね
91	見られている意識をもつ	みんな自分を、広告してる。
92	揃うことに喜びを感じる	物を揃えることは、心を揃えること。
93	悩みとの向き合い方を考える	悩みの10年後
94	悩んでいる時の心構えを知る	心の宿題がちがう
95	多様な価値観を楽しんで生きる	賛否両論ではなく、賛否虹論。
96	前を向いて生きる	もっと楽しくなるよね
97	人生を花で彩る	毎週咲かせる一輪の花
98	自分と世界との結びつきを感じる	バタフライ効果
99	将来の夢との向き合い方を考える	夢が叶う花　～走りながら見つける夢～
100	世の中全てを面白がる態度を養う	おもしろ探し

５つの力の「小技」からの索引

　『とっておきの話』を生み出す５つの力「探す力」「創る力」「見せる力」「話す力」「つなぐ力」と、それらを構成する10の小技をまとめました。５つの力や小技から説話を検索することができます。

「探す力」10の小技と『とっておきの話』

10の小技	『とっておきの話』の番号
① 文字・単語の素材化	19、25、31、55、75
② 言葉・文章の素材化	2、5、8、18、23、30、32、35、36、49、54、58、64、67、81
③ 言葉・文章＋画像・映像の素材化	9、14、15、17、27、28、38、42、43、46、47、56、57、66、70、71、76、78、83、89、91、96、98
④ 話の素材化	1、4、12、16、21、24、26、59、77、84、90
⑤ 説話の再編成	13、20、34、40、68、79、93
⑥ 自分の好きな物の素材化	48、50、65、85
⑦ 自分の体験談の素材化	22、37、73、74、87
⑧ 子どもたちの姿や教室風景の素材化	6、7、29、41、44、63、88、92
⑨ 造語と思い付きの素材化	11、33、39、45、51、52、53、61、62、69、72、80、82、86、95、97、99、100
⑩ 複数の小さい素材を集めて素材化	3、10、60、94

「創る力」10の小技と『とっておきの話』

10の小技	『とっておきの話』の番号
① 子どもたちの実態に合わせて構成や言葉遣いを変える	20、32、51、54、70、71、78、95
② 導入、中盤、終盤で伝える内容を変える	4、10、11、13、45、58、59、63、83、89、90
③ 分かりやすくする	7、16、25、27、30、47、56、60、62、68、73、84、86、96、98
④ 解釈や素材を付け加える	15、22、24、31、34、46、48、50、69、76、80、81、100
⑤ 余計な説明を省く	2、9、14、28、33、38、40、42、55、65
⑥ 素材の魅力を引き立てる	26、35、43、49、57、67、82、97
⑦ 対比を生み出す	1、5、6、21、37、41、44、74
⑧ スモールステップを提示する	8、12、52、64、85、94
⑨ 共感・興味を誘う	18、19、23、36、66、75、79、87、99
⑩ 演出や子どもたちの意見を取り入れる	3、17、29、39、53、61、72、77、88、91、92、93

「見せる力」10の小技と『とっておきの話』

10の小技	『とっておきの話』の番号
① 画像や映像でイメージ化する	3、5、22、30、33、36、44、47、49、55、57、63、67、72、74、82、84、88、89、96、98
② 板書や提示に一工夫する	10、19、23、25、28、34、41、45、48、58、61、66、68、95
③ 焦点化・図解して見せる	4、8、40、51、52、54、62、77、83、90、94、97、99
④ 小道具やジェスチャーで演出して見せる	17、20、60、71、75、78、100
⑤ 具体例を見せ、思考の前提条件を揃える	29、39、56、76、81
⑥ 隠して見せる	1、6、15、21、35、42、43、46、69、70
⑦ 比べて見せる	7、11、12、53、79、80、86、92
⑧ 一部を強調したり、少しずつ見せる	16、26、27、31、32、38、59、65、93
⑨ 板書と提示を使い分ける	9、13、14、18、24、37、50、73
⑩ 素材そのままを見せる	2、64、85、87、91

「話す力」10の小技と『とっておきの話』

10の小技	『とっておきの話』の番号
① 聞き手の反応を確認しながら丁寧に話す	13、17、18、19、37、53、54、61、78、79、91、95
② 聞き手に反応を返したり、共感したりしながら話す	11、22、24、29、38、39、51、58、63、67、68、90、92、94、99
③ 上機嫌に話す、気持ちを込めて話す	15、16、65、69、73、76、77、85、87、98、100
④ 間をおく	5、8、21、30、33、41、50、74、81、88、89
⑤ 優しく前向きに言葉を贈る	6、10、25、26、35、48、64、70、75、93
⑥ 斉読・復唱・演出を挟む	1、2、7、27、28、31、32、36、52、56、80
⑦ 挙手・指名を促す	3、4、9、45、71
⑧ 端的に話す	40、42、43、46、59、60、84、86
⑨ 声の強弱や抑揚で強調し、テンポを崩さずに話す	12、20、44、49、62、66、96、97
⑩ 問いかけたり、行動を促したりする	14、23、34、47、55、57、72、82、83

「つなぐ力」10の小技と『とっておきの話』

10の小技	『とっておきの話』の番号
① 褒めて認める、価値づける	4、13、23、25、26、28、30、38、48、51、55、57、60、69、83、92
② 全体の場や学級通信で紹介する	32、39、41、50、66、67、68、91、98、99、100
③ 思考・振り返り・点検の時間を作る	3、6、11、15、16、21、22、27、34、37、42、43、49、53、54、62、64、84、87、89、90
④ みんなで一緒に体験・調べ学習をしてみる	20、35、40、52、78、79、80、85、88、96、97
⑤ 掲示物やカードで可視化する	7、14、18、56、59、65、70
⑥ 指導の一貫性を保つ	2、9、31、44、61、72、95
⑦ 合言葉の定着や行動の習慣化を目指して声かけする	1、5、10、19、24、36、45、63、71、75、93、94
⑧ 行動につながる場面を想定する	29、46、74、76、77、81、82、86
⑨ コンテスト化、キャンペーン化	12、17、33、58
⑩ 学級目標につなげる	8、47、73

道徳科の内容項目で索引

　前述のとおり、『とっておきの話』は道徳科授業の説話として使うこともできます。本書Ａ～Ｄの４グループは、道徳科の内容項目Ａ～Ｄに対応しています。

内容項目		話
A 主として自分自身に関すること	善悪の判断、自律、自由と責任	1～7
	正直、誠実	8～9
	節度、節制	10～13
	個性の伸長	14～17
	希望と勇気、努力と強い意志	18～28
	真理の探究	29～30
B 主として人との関わりに関すること	親切、思いやり	31～40
	感謝	41～43
	礼儀	44～46
	友情、信頼	47～54
	相互理解、寛容	55～60
C 主として集団や社会との関わりに関すること	規則の尊重	61～62
	公正、公平、社会正義	63～65
	勤労、公共の精神	66～67
	家族愛、家庭生活の充実	68～71
	よりよい学校生活、集団生活の充実	72～77
	伝統と文化の尊重、国や郷土を愛する態度	78
	国際理解、国際親善	79～80
D 主として生命や自然、崇高なものとの関わりに関すること	生命の尊さ	81～84
	自然愛護	85～87
	感動、畏敬の念	88～90
	よりよく生きる喜び	91～100

　本書の使い方は定まりましたか。学級経営のポイントを意識して目次から索引してもよし。『とっておきの話』を生み出す５つの力を鍛えるために気になる小技から索引してもよし。道徳科授業に活用するために内容項目から索引してもよし。『とっておきの話』の世界の旅を自由にお楽しみください。あなたにとってステキな旅になることを願っています。それでは、「おわりに」でまたお会いしましょう。いってらっしゃい！

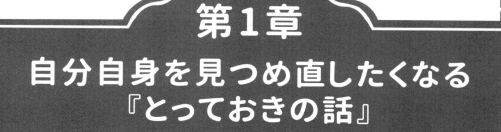

第1章

自分自身を見つめ直したくなる
『とっておきの話』

物事の見方を知る

ありの目　鳥の目

素材 父から聞いた話

ポイント 子どもたちの中には、全体を俯瞰できずに周りの空気が読めない子や、逆に細部を疎かにして適当に済ませる子がいます。両者に通じて言える原因は「物事の見方を理解していない」です。説話を通して物事の見方を学ぶことで、学校生活を円滑に過ごすきっかけになります。

対応する内容項目 善悪の判断、自律、自由と責任

　これは何ですか？　提示》》目の写真

　目ですね。人間の目は、2種類の目を使いこなすことができるようになっていると言われています。

```
1つ目　〇〇の目
2つ目　〇の目
```

　どんな目かわかりますか？

　1つ目は、ありの目です。

提示》》ありの絵　板書》》ありの目

　これは、ありのように小さな生き物の立場になって、細かいところまでよく見ることのできる目です。ありの目を使える人は、そうでない人とくらべて、小さな変化にいち早く気づくことができます。

　2つ目は、鳥の目です。

提示》》鳥の絵　板書》》鳥の目

　これは、鳥のように空からながめるようにして、全体を見渡すことのできる目です。今、どんな雰囲気になっているか。周りの景色の変化にいち早く気づくことのできる目です。

どちらの目も、使えば使うほど、たくさんのことが見えるようになります。

　では、早速みんなのありの目を使ってみましょう。
　教室を見渡して、何か気づくことがあれば動いてみましょう、ありの目を使ってね。
1分はかります。よーい、はじめ。

> ありの目の姿を評価しましょう

　これからも「ありの目」「鳥の目」を合言葉にして、いろんな見方ができる人になりましょう。

『とっておきの話』を生み出す5つの力

探す力 (小技④)	あなたの身近な人との会話の中で、「いい話だな」と思った経験はありませんか？　聞き流していたら勿体ない。それがそのまま素材となるのです。
創る力 (小技⑦)	対比した事象を提示することで、聞き手に強い印象づけを行うことができます。「ありの目」と「鳥の目」を同時に提示することで、印象深い説話となります。
見せる力 (小技⑥)	「あり」「鳥」の部分を隠して見せることで、聞き手の興味を惹きつけます。
話す力 (小技⑥)	実際に「ありの目」や「鳥の目」を使う時間を設ける演出を挟むことで、行動につなげます。
つなぐ力 (小技⑦)	説話後も学校生活の至る場面で「ありの目」「鳥の目」を合言葉にして子どもたちに声かけして行動を促すことで、全体を俯瞰したり細部に目を凝らしたりする姿勢が身につきます。

やれなかった?　やらなかった?

素材 「にんげんだもの　道　相田みつを　ザ・ベスト」

相田みつを（角川文庫）

ポイント 子どもたちの様子を見て、時には行動のやり直しを促す場面があります。その際、担任と子どもが明確な基準を共有していると関係が大きく崩れることはありません。そんな基準を示すのにぴったりな説話です。

対応する内容項目 善悪の判断、自律、自由と責任

板書 ≫ やれなかった

　今まで、本当はやらなくてはいけないことだけど、やれなかったなぁと思ったことはありませんか? **指名** ≫

> 学年に応じて指名する人数を調整しましょう
> 低学年ほど具体化するために多く指名しましょう

　相田みつをさんの詩に、こんな詩があります。

提示 ≫ やれなかった　やらなかった　どっちかな

　どうしてもできない理由があって「やれなかった」、めんどくさくなって「やらなかった」。一文字ちがうだけで意味は大きく変わります。
　みなさんがいつも「やれなかった」と思っていることは、本当に「やれなかった」ことですか?
　もしかしたら、「やらなかった」だけかもしれませんね。時には、「やれなかった　やらなかった　どっちかな」と自分に言い聞かせてみるのもいいかもしれませんね。みんなで読みましょう。

復唱 ≫ やれなかった　やらなかった　どっちかな

先生がよく「やり直し」と言う場面は決まっています。

それは、「やれるはずなのにやらなかった人がいた時」です。

　やれるのにやらなかった人ではなく、やれるかわからないけどやってみた人がふえていくといいですね。

『とっておきの話』を生み出す5つの力

探す力 （小技②）	世の中には心に響く詩が多く存在しますが、解釈の難しい詩もあります。そこで、意味を理解しやすいよう解釈を付け加えます。短い詩ほど、合言葉にもなります。
創る力 （小技⑤）	短い言葉を素材にする時ほど、長々と言葉を付け足して素材のよさを隠してしまわないように気を付けます。蛇足ではなく、引き立てるよう言葉を紡ぎます。
見せる力 （小技⑩）	相田みつをさんの詩は、その字体の魅力も含めて素材だと考えます。だからこそ、パソコンの文字ではなくみつをさんの筆文字をそのまま見せます。
話す力 （小技⑥）	言葉自体に力がある場合は、より印象付けるために復唱する時間を設けます。人から聞いた言葉よりも、自分の口から発した言葉の方が記憶に残ります。
つなぐ力 （小技⑥）	説話後は、「今のはやらなかったからやり直します」と言ってから子どもたちの行動のやり直しを促すことで、指導の一貫性が生まれます。

3 自立して動く

飛行機人間とグライダー人間

素材 「思考の整理学」 外山滋比古

ポイント 自分の人生を自分で歩む大人に成長してほしい。子どもたちにい
つも抱いている願いです。自立の大切さを伝えることは難しいですが、印象
的なネーミングや詩の力によって伝えてみてはいかがでしょうか。

対応する内容項目 善悪の判断、自律、自由と責任

提示》飛行機のイラスト

これは何ですか。はい、飛行機ですね。
この飛行機とにたようなものがあります。

提示》グライダーのイラスト

名前はわかりますか?

学年に応じて「グライダー」の意味を説明しましょう

飛行機とグライダーの大きな違いは何だと思いますか? 指名》

板書》自分のエンジンでとべるかどうか

自分のエンジンでとべるか。これが大きな違いですね。
ある本で、人間には飛行機人間とグライダー人間の2種類の人間がいる、という
言葉を目にしました。

提示》

A 自分のエンジンでとべる飛行機人間
B 自分のエンジンでとべないグライダー人間

みなさんは、ＡとＢどちらの人間ですか？

　いつも飛行機人間でいることは難しいかもしれません。
　でも、先生や家族、友達に頼りっぱなしにしない、自分のエンジンでとべる子こそ、どんどん成長していくのだと思います。

　あなたの心にエンジンをかけるのは、誰でもない、あなた自身ですよ。

『とっておきの話』を生み出す５つの力

探す力 （小技⑩）	自立している人とそうでない人の違いを飛行機とグライダーの比較に喩える外山さんの考え方と、「自分のエンジンでとぶ」というキーワードを組み合わせることで、良い素材になると考えました。
創る力 （小技⑩）	「あなたの心にエンジンをかけるのは、誰でもない、あなた自身ですよ。」という呼びかけを最後に演出することで、余韻を残して終えるようにします。
見せる力 （小技①）	イラストの提示から始めることで、子どもたちの興味を惹きつけます。その後の話を抵抗感無く聴くことができます。
話す力 （小技⑦）	特に印象に残したい言葉を提示する前の問いかけでは 指名 》を入れるようにしています。自分で考えた上で提示された言葉は印象に残ります。
つなぐ力 （小技③）	自分は今、飛行機人間かグライダー人間か。あらゆる場面において振り返る言葉かけをしてみましょう。子ども同士で言い合うようになったら、個人だけでなく、集団としても自立していきます。

素直に反省をする

反省は、未来につながるタイムマシン

素材 大学時代の友達の話

ポイント 「反省」は学校生活を送る上で欠かせない心の働きですが、なんだかめんどくさい等のマイナスなイメージをもつ子もいます。そこで、タイムマシンに喩えることで、やってみようかなと思える説話がおすすめです。

対応する内容項目 善悪の判断、自律、自由と責任

板書》》反省は、未来につながるタイムマシン

　今日のとっておきの話はこんなタイトルなのですが、どういうことなのか意味が分かる人？ **挙手》》** これだけでは意味が分からない人もいますよね。話を聞きながら、一緒に考えていきましょう。

提示》》タイムマシンの絵

　もしタイムマシンがあったら、過去と未来、どちらに行きたいですか。
　過去だという人？ **挙手》》**　未来だという人？ **挙手》》**

板書》》過去　未来

　実はみんなの心の中には、「反省」というタイムマシンがあるのです。このタイムマシンは、今手を挙げた過去と未来、どちらにも行けるのです。

提示》》後悔　反省

　「後悔」と「反省」。似ている言葉ですがどんな違いがあるのでしょう。 **指名》》**
　「後悔」は、過去にしばられるものです。でも、「反省」は、過去から未来を変えるものです。もし何か失敗したとき、「後悔」するだけでは過去にしばられるだけで

何も変わりません。「反省」することは、同じ失敗をしないように過去から未来を変えることができるのです。

板書 >> 「過去」「未来」「後悔」「反省」を図解する

タイムマシンに乗って過去を変えれば未来が変わる。なんだか「反省」とタイムマシンって似ていると思いませんか？

「反省」はいろんなところですることができます。みんなが書いている日記や授業のふりかえりも、立派な「反省」です。友達とけんかをして、自分のいけなかったことを考えて相手に謝ることも「反省」です。たくさんの「反省」が積み重なっていくと、それがまさに私たちにとっての未来につながるタイムマシンになるのではないでしょうか。毎日の「反省」が未来につながるように、私たちの心の中にあるタイムマシンに乗せていきたいですね。

『とっておきの話』を生み出す5つの力

探す力 （小技④）	「ねぇ、すごい発見しちゃった」「何？」「反省って心のタイムマシンだね」「その考え方はおもしろいね！」学生時代の友人とのこんな会話から説話の素材が生まれました。素材との出合いはいつも突然。
創る力 （小技②）	先にタイトルを提示し、どんな話なのか考えながら聞くように促すことで、最後まで集中して話を聞き、「反省」という行動につなげやすくします。
つなぐ力 （小技①）	説話で扱うテーマが聞き手にとって難解なテーマほど、図解で板書すると分かりやすく伝わります。
話す力 （小技⑦）	「どちらですか。」と挙手を促すことで、自分事として考えながら話を聞けるようになります。
つなぐ力 （小技①）	良い反省をしている子を見つける度に「未来につながっているね」「今、心の中のタイムマシンに乗っているね」と価値づけをします。

ブレーキの達人

素材 「あたらしいあたりまえ。BEST100」 松浦弥太郎

ポイント 目の前のことに没頭し過ぎてしまい、周りが見えなくなる子がいます。一方で、自分の限界を超えてがんばり過ぎてしまった結果、燃え尽き症候群になってしまう子もいます。努力礼賛の主張に偏らないように、時には立ち止まって心を休めることも必要だと伝えたいです。

対応する内容項目 善悪の判断、自律、自由と責任

提示 ≫F1の写真または動画

　F1ドライバーと言えば、ものすごいスピードでレーシングカーを乗りこなす人たちのことを言いますよね。F1の世界では、一流のドライバーはとある達人と呼ばれています。

提示 ≫　　　　　の達人

　　　　　に入る言葉は何だと思いますか?
　答えは……ブレーキです。

板書 ≫ブレーキの達人

　F1ドライバーと言うと、レースに勝つため、いかにスピードを上げるかが大切なように思いますが、実は、レースを走り切るためにスピードをコントロールすることの方が大切なのです。

　スピードを自分でコントロールする力のある、アクセルではなく、ブレーキの達人が、F1の世界では一流と呼ばれるのです。

板書》》心のブレーキの達人

　暮らしや仕事でのトラブルのほとんどは、心のスピードを出しすぎた結果として起こるものだと言った人がいます。速ければいいというわけではありません。ブレーキをかけるというのは、よく考えながら進むということです。時には心にブレーキをかけ、じっくり考えてから動いてみる。そうやって自分にとってちょうどいいスピードをコントロールできる、心のブレーキの達人になってくださいね。

『とっておきの話』を生み出す5つの力

探す力 （小技②）	F1ドライバーのエピソードについて本を読んで知り、心の中のアクセルとブレーキを意識して子どもたちに伝えたいと思い、素材にしました。
創る力 （小技⑦）	最初にF1と聞くと、スピード感のあるアクセルの側面を思い浮かべやすいからこそ、その後の「ブレーキの達人」と対比され、視点のギャップができます。
見せる力 （小技①）	F1のスピード感を演出するため、写真ではなく動画で見せても良いでしょう。
話す力 （小技④）	いきなり写真を見せることから始める場合、あえて話し出すタイミングを遅らせます。写真をよく見てから話に入っていくようにします。
つなぐ力 （小技⑦）	子どもたちが落ち着かない様子の場面に出合ったら、「ちょっと心のブレーキを踏んでみましょう」と呼びかけて深呼吸や黙想をしてみてください。心にブレーキをかけることが習慣化されます。

6

私を支えるもの

素材 「私を支えるもの」銀色夏生

ポイント 自分を支える大切な人や物に感謝の心をもち続けることは重要ですが、それらに依存してしまうと自立できない子に育ってしまいます。自由とは誰かに与えられるものではなく、自分の力で手に入れるものです。そのための自立の大切さを意識させたいです。

対応する内容項目 善悪の判断、自律、自由と責任

板書 》自由

みなさんは、自由になりたいと思ったことはありますか?

実は、自由になる方法を教えてくれる詩があります。読んでみたいですか。
こんな詩です。

提示 》

> 私を　　　　ものを
> 私が忘れる時
> 私は自由になる

どうやら何かを忘れると、自由になれるようです。□にはどんな言葉が入ると思いますか。
正解はこちらです。

提示 》

> 私を支えるものを
> 私が忘れる時
> 私は自由になる

「私を支えるもの」というのは、たとえばみなさんなら何を思い浮かべますか？
　家族や友達などの大切な人を思い浮かべる人もいれば、お気に入りのぬいぐるみやゲームなどの大切な物を思い浮かべる人もいるでしょう。それらを忘れる時、あなたは自由になれるのです。つまり、支え無しで自立して生きると、自由になるという訳です。

板書 》》 自立 ➡ 自由

　自分を支えるものを忘れるくらい自立できた時、本当の意味で自由になれるのかもしれませんね。支えてくれる人や物に感謝することは大切ですが、そこに甘えてばかりでは自由にはなれません。ぜひ、自分の人生を自分で歩んでください。その先にきっと、あなたの望む自由な世界が待っているはずです。

『とっておきの話』を生み出す5つの力

探す力 （小技⑧）	銀色夏生さんの詩に出合った当時、ある子が周りの人からの支えに甘えて自分から行動しない場面が思い出されました。子どもの実態と詩の内容が結び付いたら説話の素材にしてみましょう。
創る力 （小技⑦）	「私を支えるものを忘れる」の具体例を提示して「自立」と「依存」を対比させることで、「自由」のための「自立」を強調します。
見せる力 （小技⑥）	キーワードになる部分や意外性のある部分を隠して見せることで、より思考が活性化します。どこを隠して見せるかを考えることが重要です。
話す力 （小技⑤）	「自立してください」とストレートに表現するよりも、「自分の人生を自分で歩んでください」と前向きに言葉を贈ることで、子どもたちにとって心に響く締めくくりを意識して話すことができます。
つなぐ力 （小技③）	自分にとって「私を支えるもの」とは何なのかや誰なのかを考える時間を設けることで、より自分事として自立に向けた行動に移しやすくなります。

自由の芽と責任の芽

[素材] 子どもたちの様子を見て

[ポイント] 自由ばかりを主張する子がいます。そういった子はお客さんのような感覚で学校に通っています。受け身で指示待ちでありながら、自由の無い環境を憂えています。そこに「責任を果たす」という視点を与えます。

[対応する内容項目] 善悪の判断、自律、自由と責任

[板書]》芽の絵を描く ＜学年に応じて「芽」の意味を説明しましょう

　これは、みんなの心の中にある自由の芽です。

[板書]》自由の芽

　誰もが育てたい芽です。自由が広がると嬉しいですよね。自分は今、どれくらいこの芽が育っていると思いますか？　体で表現してみてください。

[演出]》子どもたちにジェスチャーを促す

　なるほど。でもね、先生は同時に育ててほしい芽があると思っています。

[板書]》○○の芽

　○○の中にどんな言葉が入るか分かりますか？[指名]》

　自由の芽と一緒に育てる芽。正解は……責任の芽です。

[板書]》責任の芽

　自由の芽と責任の芽は、同じ高さで育てていかないと心のバランスが悪くなり、

思うように自由がもらえなかったり、責任の重さに辛くなったりします。

提示 》

A　自由の芽が高く、責任の芽が低い状態

B　自由の芽が低く、責任の芽が高い状態

　Aのように自由の芽ばかり育つとわがままな心が育ち、「ルールを守る」という責任を果たさずに自由と向き合うことになります。これでは周りの人とトラブルが起きたり、危険にさらされたりして心配なので自由は与えられません。

　Bのように責任の芽ばかり育つと責任感をもち過ぎてしまい、限られた自由の中でがんばることになります。これでは息苦しく、心が疲れてしまいます。

　自由が増えると楽しい思い出ができます。責任を果たす経験を積み重ねると自信が湧いてきます。自由の芽と責任の芽は同時に育てていきましょう。

『とっておきの話』を生み出す5つの力

探す力 （小技⑧）	子どもたちの様子を見て、「自由の芽と責任の芽」という説話を即興で考えました。今話すべき話題だと感じたからです。
創る力 （小技③）	「なぜ自由も責任もどちらも大切にしないといけないのか」が納得できる理由を分かりやすく伝えられるように、言葉を選んで創りました。
見せる力 （小技⑦）	自由の芽と責任の芽を同時に育てるイメージがしやすいように、2つの芽のイラストを同時に見せ、比べて考えられるようにします。
話す力 （小技⑥）	自由がほしい！　という聞き手の気持ちに共感するためにあえてどれくらいほしいのかを体で表現する演出を導入で取り入れました。ジェスチャー中には「確かに自由はたくさんほしいよね」と共感します。
つなぐ力 （小技⑤）	カードで毎週末どこまで育ったか振り返ったり、掲示物にしてクラス単位で振り返ったりしても良いでしょう。

8

3つの「こ」が変わる

素材 ウィリアム・ジェームズの名言
「心が変われば行動が変わる。行動が変われば習慣が変わる。習慣が変われば人格が変わる。人格が変われば運命が変わる。」

ポイント 子どもたちの言葉や行動は、意識せずに使われたり行われたりしていることが多いです。だからこそ、小さな言葉遣いや小さな行動から変えることで、自分の心を育てていくことにつながると意識させてみてはいかがでしょうか。

対応する内容項目 正直、誠実

板書》》こ　こ　こ

人は、3つの「こ」が変われば、大きく成長できると言われています。
何だと思いますか？「こ」から始まる言葉ですよ。（何人か指名する）
正解は、「言葉」「行動」「心」の3つです。

板書》》言葉　行動　心

こんな言葉があります。

提示》》

言葉が変われば行動が変わる
行動が変われば心が変わる

　言葉と行動はつながっています。良い言葉づかいをしている人は、良い行動ができるようになります。

行動と心はつながっています。良い行動ができている人は、良い心が育っていきます。

だから、ほんのささいな言葉からも、その人が良い心を持っているのか、悪い心を持っているのかがわかってしまうものなのです。

○○が変われば……を続けていくとどうなると思いますか？
答えは……

「人生が変わる」です。

良い人生を送りたくないと思っている人はだれもいません。
だからこそ、小さな言葉づかい、小さな行動から変えていきませんか？

『とっておきの話』を生み出す5つの力

探す力（小技②）　名言と呼ばれる言葉は世の中に無数にあります。出典元も含めて幅広く探しておくと聞き手の実態に合わせた説話の素材として得やすくなります。

創る力（小技⑧）　目指すゴールは人生の変化でありながら、歩み出す一歩は小さな言葉遣いや行動としています。スモールステップで変化を促す構成にしています。

見せる力（小技③）　子どもたちに分かりやすいように、言葉や行動、心の3つの変化のみに焦点を当て、頭文字を合わせて"3つの「こ」"として提示します。

話す力（小技④）　「人生が変わる」の前に十分な間をおくことで、何に行き着くのかを考える時間が生まれ、目指すゴールとして印象付けることができます。

つなぐ力（小技⑩）　"3つの「こ」"を変えることを学級目標と紐付けて掲示物にしてみましょう。言動の変化が心の変化につながることをより意識できるようになります。

9

最後まで正直を貫く

皇帝にもらった花のたね

素材 「皇帝にもらった花のたね」デミ（徳間書店）

ポイント 正直さは点で実行するものではなく、線として貫き続けるものだと考えます。その積み重ねが人との良好な信頼関係を築きます。説話をきっかけにして、正直さを最後まで貫く心を育てていきたいです。

対応する内容項目 正直、誠実

提示 》皇帝にもらった花のたね

　今日は中国の物語をもとにした絵本を紹介します。タイトルは「皇帝にもらった花のたね」です。

　ある日、花好きの中国の皇帝が次の皇帝「世継ぎ」を選ぶ方法を考えました。それは、国中の子どもたちに種を配り、きれいな花を咲かせた人を次の皇帝として迎えるという方法でした。

提示 》種と花のイラスト

　花を育てることが得意な主人公のピンも、他の子どもたちと同じように皇帝からたねをもらい、大事に育てはじめました。しかし、ピンがもらった花の種だけちっとも芽が出ず、育ちませんでした。

　周りの子どもたちはみんな花を咲かせているのに、自分だけ咲かせられなかったピンは落ち込みますが、お父さんに「正直に皇帝の前でその植木鉢を見せるべきだ」と言われ、植木鉢を持っていきます。すると、なぜか皇帝は……花を咲かせた子どもたちの前では眉をひそめるのです。

　ピンの植木鉢を見た皇帝は言います。「皇帝にふさわしいこを、やっとみつけたぞ！」と。実は皇帝の与えた種はどれも、火を通し、芽が出ないようにしてあった

のです。「この子は花が育たなかった植木鉢を正直にわしのところに持ってきた。その正直さと勇気こそ、皇帝にふさわしい。」

板書 》》正直さを最後まで貫く

この物語を聞いて、みなさんはピンのような正直さを最後まで貫く人になれますか。

なれると思う人？**挙手 》》**

なりたいと思う人？**挙手 》》**

みなさんなら、きっとなれるはずです。

『とっておきの話』を生み出す5つの力

探す力（小技③）	絵本の世界は本当に広く、自分がまだ知らない名著は数多く存在しています。柔らかく噛み砕いて分かりやすく話せば、十分説話の素材となります。
創る力（小技⑤）	事細かく物語の内容を説明するのではなく、あくまで「正直さを最後まで貫く」大切さが伝わるように物語の内容をピックアップして紹介します。
見せる力（小技⑨）	物語の内容を紹介している場面は提示をメインにして見せ、子どもたちの記憶に残したいキーワードは板書をメインにして見せます。
話す力（小技⑦）	「なれるかどうか」と「なりたいかどうか」の問いかけに対する意思表示を挙手によって促すことで、自分事として正直を最後まで貫くことについて考えられるようにします。
つなぐ力（小技⑥）	説話後の様子を見て「もう一度正直さについて考える時間を設けたい」と思ったら絵本の読み聞かせをし、「何が大切だったのか覚えているかな？」と問いかけることで、指導の一貫性を保つことができます。

10

〇分前行動を習慣化する

チャンスをつかむ〇分前行動

素材 「忙」の漢字、「元気が出る朝礼　話のネタ帳」本郷陽二

ポイント 子どもたちにとって、学校生活は忙しい日々だと言えるのではないでしょうか。あらゆる教科・領域の授業があり、あらゆる行事があり、そんな中で休み時間も目一杯遊びます。落ち着いて時間を守れる〇分前行動が習慣化されれば、忙しさを減らし、学校生活を楽しむチャンスが生まれます。

対応する内容項目 節度、節制

板書 》 チャンス

　みなさんは、「チャンスの神様の頭は前髪しかない」という言葉があるのを知っていますか?

板書 》 チャンスの神様の頭は前髪しかない

　チャンスの神様の頭を見ると、前髪にしか髪がないので、過ぎてしまった後はもうつかめないという意味だそうです。それぐらいチャンスというのはつかみにくいものなのかもしれません。
　では、どうしたらチャンスをつかみやすくなると思いますか。
　実は、あることをやめると、チャンスをつかみやすくなります。

板書 》 忙しいをやめる

　「忙しい」が口癖になっている人はいませんか?
　忙しいという字は、心を亡くすと書きます。忙しいと感じている時ほど、チャンスをつかむ心を亡くしてしまうのかもしれません。

板書 ≫ ○分前行動

忙しさを少しでも減らすために、3分前行動、5分前行動、10分前行動を意識していきましょう。

チャイムが鳴る3分前には着席して落ち着いて授業をはじめる。

集合時刻の5分前に集合して遅刻を防ぐ。

出発時刻の10分前に持ち物チェックをして出発に備える。

言われた時間の何分か前から行動するように過ごしていれば、時間に追われず、忙しさも感じなくなります。

時間に追われるのではなく、時間を追う過ごし方をしましょう。

そうすれば、チャンスの神様の前髪をつかめるかもしれません。

『とっておきの話』を生み出す5つの力

探す力 （小技⑩）	チャンスの神様の話と、忙しいは心を亡くすと書くこと、そしていつも子どもたちに呼びかけていた○分前行動の3つの素材を組み合わせています。組み合わせてこそ力を発揮する素材もあります。
創る力 （小技②）	子どもたちに一番伝えたい合言葉は、中盤〜終盤に伝えるようにしています。人間の記憶は、最近のインプットほど思い出しやすく、残り続けるからです。
見せる力 （小技②）	板書でよくやる工夫として、先に短い単語を提示してから後で伝えたい言葉になるように継ぎ足す書き方をします。こうすることで、話につながりを持たせ、見る人に強い印象を与えることができます。
話す力 （小技⑤）	話の締めくくりの言葉にはいつも気を遣っています。「時間に追われるのではなく、時間を追う過ごし方をしましょう。」と今回はなるべく優しく前向きに呼びかけて終えるようにしています。
つなぐ力 （小技⑦）	「〜の○分前行動として、何ができそうですか？」とあらゆる場面で問いかけてみてはいかがでしょうか。落ち着いて時間を守れる○分前行動がより習慣化されるでしょう。

11

見た目に気を遣う意識を高める

計量カップの中のお茶

素材 お茶が入った計量カップ、「人は見た目が9割」

竹内一郎／新潮新書

ポイント 子どもたちは見た目にどれだけ気を遣っているでしょうか。先生からは、中身の話が多く、見た目の話はあまりされないのかもしれません。だからこそ、見た目にも気を遣えるような説話をしてみてはどうでしょう。

対応する内容項目 節度、節制

提示 》カップに入ったお茶の写真

おいしそうなお茶が入っていますね。
でも、たとえば、こんなお茶はどうですか？

提示 》計量カップの中に入ったお茶の写真

飲みたいと思う人？　飲みたくないと思う人？ 挙手 》
飲みたくない人が多いですね。

板書 》中身

でも、中身は同じなのに、なぜ計量カップの方は、飲みたくなくなるのでしょう?

それは、「見た目」がそうさせているのです。

板書》》見た目

見た目は意外と大切なのかもしれませんね。

「人は見た目が9割」という本があります。

その人が良い人かどうかは、ほとんどが「見た目」で決まってしまうという本です。「見た目」とは、かっこいいとかかわいいとかの見た目ではありません。

その本では、次のことが全て「見た目」になると書いてありました。

提示》》

・姿勢が良いかどうか　　　　　・服装がみだれていないか
・身だしなみがきれいかどうか　・声の出し方、話し方、聞き方、笑顔
・きれいに身の回りの物が整とんされているか

みなさんの「見た目」はどうですか?

良い「見た目」をしている人は、きっと良い「中身」のある人でしょう。

『とっておきの話』を生み出す5つの力

探す力（小技⑨）　中身が同じなのに見た目が悪くなる例として、計量カップの中にお茶を入れてみたらおいしそうに見えないという現象を素材にしました。このように、思い付きでやってみたら素材になることもあります。

創る力（小技②）　導入部分で興味を惹きつけるような話をした上で、終盤に細かい「見た目」のポイントを提示することで、聞き手に抵抗感無く伝わります。

見せる力（小技⑦）　写真を対比して見せることで、自然と比べて見るようになります。共通点や相違点の発見を通して、自分で大切なことに気付けるように促します。

話す力（小技②）　軽量カップの中に入ったお茶を飲みたいかどうかについて挙手する時、話し手自身も「あまり飲みたくない」という表情をします。

つなぐ力（小技③）　「見た目」のポイントの1つでもチェックする時間を設けてみてはいかがでしょう。見た目に気を遣う意識が少しずつ高まっていきます。

どんな気持ちで書いたでしょう?

素材 勉強会で出会った先生の話、児童の書いた字

ポイント 字は人の心を表します。上手な字は書けなくても、ていねいな字は誰でも書けます。気持ちを込めれば書けるのです。普段何気なく字を書いている子たちに、気持ちを込めてていねいな字を書く心を伝えます。

対応する内容項目 節度、節制

提示 》同じ人が書いた字で、ていねいな字Aと雑に書いた字B

AとBでちがうところは何ですか? 指名 》

実は、AもBも同じ人が書いたのです。
AとBのちがいは……どんな「気持ち」で書いたかどうか、だったのです。

　知り合いの先生に、すごい特技をもった先生がいます。夏休み日誌に書いた字を見ただけで、どんな夏休みをすごしたのか想像ができるという特技をもった先生です。そこまで想像することはむずかしいかもしれませんが、書いた人の気持ちはなんとなくわかるものです。

提示 》字を見れば書いた人の気持ちがわかる

AとBは、それぞれどんな気持ちで書いたのでしょう。 指名 》

プラスの気持ちで書いた字と、マイナスの気持ちで書いた字。
あなただったら、どちらの字を読みたいですか? 挙手 》

相手が気持ち良く読める字を書くためには、自分の気持ちが良くなければいけ

ません。自分がマイナスな気持ちになっている時ほど、ていねいに字を書くことを心掛けてみましょう。そうすれば、自然とプラスな気持ちになっていきます。

　字を見れば、書いた人がどんな気持ちだったのかがすぐに分かります。どんな気持ちで書いたか、自分の書いた字をふりかえってみると面白いですね。

『とっておきの話』を生み出す５つの力

探す力 （小技④）	勉強会で出会った先生の話には興味深いエピソードもあります。そこから説話の素材として昇華して作ることもあります。今回は児童の書いた字についてのエピソードを素材にしました。
創る力 （小技⑧）	字の上手さではなく、丁寧さに重きを置きます。なぜなら、気持ちを込めれば誰でも実現可能だからです。この「だれでもできそう」なスモールステップを伝えるのが説話の大きな役割の１つです。
見せる力 （小技⑦）	実際にていねいな字とそうでない字を比べて見せることで、自分の字と照らし合わせて考えやすくなります。
話す力 （小技⑨）	言葉を読み上げる時、大切な単語は強いトーンで読みます。今回の場合でいうと、「気持ち」を強く読むことで、大切な単語であると印象付けられます。
つなぐ力 （小技⑨）	説話の後の子どもたちの字を見て評価しましょう。「ていねいな字コンテスト」を開催するとより盛り上がるでしょう。

身だしなみを整える

おしゃれな身だしなみ

[素材]「あたらしいあたりまえ。BEST100」松浦弥太郎

[ポイント] 身だしなみを整えることは、学校生活を送る上で大切な規律の一つです。しかし、ただ一方的に「身だしなみを整えなさい」と言ってもなかなか習慣化されません。そこで、おしゃれと結び付けて考えてみましょう。

[対応する内容項目] 節度、節制

[板書]≫おしゃれ

みなさんにとって、おしゃれとはどんなイメージですか？　きっとこのように、おしゃれな服やおしゃれなバッグが思い浮かぶ人が多いと思います。

[提示]≫おしゃれが連想される画像

でも、エッセイストの松浦弥太郎さんという人はこんなことを言っています。

[板書]≫おしゃれとは、身だしなみを整えること

身だしなみと言うと、服装のことを思い浮かべると思いますが、松浦さんは、服を着る前の自分を整えることが大切だと言っています。顔色や髪型、指先、立ち方、歩き方、座り方といった姿勢。まずはそういう「素の自分」を整えることが大切なのです。

そんな松浦さんが、こんなことを言っています。

提示 》》冬のおしゃれは、 [　　　]。夏のおしゃれは、 [　　　]。

[　　　] には何が入るでしょう?

正解はこうです。

提示 》》

冬のおしゃれは、背筋を伸ばして歩くこと。夏のおしゃれは、清潔な素肌。

　みなさんの身だしなみはどうでしょうか。服を着る前からおしゃれな人こそ、本当の意味でおしゃれな人なのでしょう。さぁ、身だしなみチェックをするよ〜。

『とっておきの話』を生み出す5つの力

探す力 (小技⑤)	教育的な説話は、教育書からのみ素材を得ている訳ではありません。教育書ではない本からも、素材となる考え方や言葉を得ることができます。そこに自分の解釈を加え、説話の再編成をしましょう。
創る力 (小技②)	一方的な身だしなみチェックにはならぬよう、説話の終盤に楽しく呼びかけるようにします。そのために、それまでの話の流れが「おしゃれになりたい→身だしなみを整えたい」となるように構成しています。
見せる力 (小技⑨)	見せたい物によって板書と提示を使い分けています。今後の行動基準となるような合言葉やキーワードは板書で見せ、補足する文や画像はパワーポイントで提示して見せるようにしています。
話す力 (小技①)	[　　　] に何が入るか考える時間を確保するために、聞き手の様子を見ながら話を進めるようにしています。話し手と聞き手のキャッチボールを大切にしています。
つなぐ力 (小技①)	身だしなみが整っている子に対して「おしゃれだね!」と褒めて認める声かけをしてみてはいかがでしょうか。教師も子どもも楽しく身だしなみチェックができそうです。

14

自己肯定感を高める

自信と約束 ～自分との約束を守る自分に～

素材 YouTube チャンネル『中田敦彦のトークチャンネル』の動画

ポイント 昨今の学校現場では、自信が無いと答える子が多い気がします。それなのに、「自信の付け方」をテーマにした道徳科授業はありません。「自信」という内容項目が無いからです。道徳科授業で取り扱われない大切なテーマを、説話において取り上げることも大切ではないでしょうか。

対応する内容項目 個性の伸長

提示 》自信

みなさんは、自信がありますか。ある人？　ない人？ 挙手 》
では、自信の付け方を知っている人？ 挙手 》 指名 》

今日は自信の付け方を1つ紹介します。
提示 》**自分との約束を守ると、自信がつく。**

自信は、自分との約束を守るとつきます。どういう意味だか分かりますか？

板書 》**自信＝自分を信じる**

自信は、漢字で「自分を信じる」と書きます。では、どうしたら自分を信じられるのでしょうか？　それは、自分が信じる側になって考えてみると答えが見えてきます。つまり、あなたはどんな人を信じたいと思うかを考えるのです。

提示 》

A　いつも約束を守らず、なまけている人
B　いつも約束を守り、努力し続けている人

ＡとＢ、あなたはどちらの人を信じたいですか？ 挙手》》

Ｂを選ぶ人が多いと思います。これは、自分に対しても同じです。

板書》》自信＝自分を信じる＝自分との約束を守る

人は何かしら自分との約束をしているものです。それは目標と言い換えても良いでしょう。○○を目指す。○○は絶対にやり切る。○○だけはしないようにする。みなさんにもあるはずです。目を瞑って少し考えてみてください。

抽象的な概念こそ、聞き手に思考する時間を与えましょう

自分との約束、思い浮かびましたか？　その約束を守り続けることができると、自分を信じられるようになります。

みなさんもぜひ、自分との約束を守り、自信いっぱいに毎日を思い切って過ごしてみてください。自分を信じられる人こそ、人から信じてもらえる人になります。自信が無くなってきたら、またこの話を思い出してみてください。

『とっておきの話』を生み出す5つの力

探す力（小技③） YouTubeの世界は、素材となる動画の宝庫です。自分がよく観ているチャンネルの動画の1コマでも、説話の素材になります。

創る力（小技⑤） 素材によっては「誰がその言葉を言ったか」を提示してしまうと、話し手の意図とは別の方向に聞き手の興味が惹かれてしまうことがあります。今回は、あえて素材元の紹介は省いています。

見せる力（小技⑨） 大事な短い言葉を少しずつ紡いでいくのにぴったりなのが板書です。逆に、長い文章や画像は一度で提示して使い分けて見せます。

話す力（小技⑩） 抽象的な概念を伝える時ほど、二者択一の問いかけをします。主体的な選択を繰り返すほど、理解が深まるからです。

つなぐ力（小技⑤） 画用紙等で『自信カード』をつくり、自分との約束の内容を書かせても良いでしょう。絵馬に願いを書くように。掲示することで、より「自分との約束を守る」具体的な行動を明確に意識できます。

15

自分の嫌なところと向き合う

大嫌いな自分も、大事な自分。

素材 NHK　朝ドラ「ちむどんどん」

ポイント 自分のことが嫌いという子は少なくありません。そうした自分の嫌いな部分ばかりを見つめてしまうと、自信を失くし、周りの人と交流することも怖がってしまいます。嫌いな自分を否定するのではなく、受け止める視点を説話によって与えることで、自分を大切にする子に育ちます。

対応する内容項目 個性の伸長

板書》》大嫌いな自分

　みなさんは、自分のことなんて大嫌いだと思ったことはありますか？
自分のことをなかなか好きになれない人もいるかもしれませんね。

　最近、ドラマを観ていたら主人公が「こんな私なんて大嫌い！」と叫ぶシーンがありました。夢に向かってがんばっていたのに、失敗の連続で思うようにいかない自分のことが嫌になったのです。その時、主人公のお母さんが言った言葉がとてもステキな言葉でした。こんな言葉です。

板書》》大嫌いな自分も、大〇な自分。

　〇の中には漢字1文字が入ります。何だと思いますか？

　正解は

板書》》大嫌いな自分も、大事な自分。

です。

大嫌いな自分がいてもいい。それも大事な自分なのです。

最後に先生から、みんなに次の言葉を贈ります。

提示 》》

> 大好きな自分も、大嫌いな自分も、ぜんぶ大事な自分。
>
> 自分を大事にできて初めて、相手を大事にできる。
>
> 自分を大事にできる人は、相手から大事にされる人になる。
>
> 大嫌いだと思っていた自分を、大事にしてくれる人に出会える。
>
> そうやって、大嫌いな自分はいつかきっと、大好きな自分の一部になる。

『とっておきの話』を生み出す5つの力

探す力 （小技③）	ドラマのワンシーンにも素材となる言葉は隠れているものです。良い言葉が聞こえてきたらすぐにメモをしています。メモの一つ一つが自分の財産となります。
創る力 （小技④）	説話とするには素材の力が弱いと感じた時は、自分自身の言葉を付け加えても良いでしょう。推敲する必要はありますが、より熱をもって伝えることができます。
見せる力 （小技⑥）	文字を隠す時は、共通していない部分を隠して考えられるようにします。どの場所を隠して見せるかによって、聞き手の思考内容が大きく変わります。
話す力 （小技③）	最後に提示する言葉は、ゆっくりと丁寧に一つ一つの言葉をプレゼントするように話します。気持ちを込めて話すことで、自分と向き合う勇気を与えます。
つなぐ力 （小技③）	この説話の前後で「大嫌いな自分」について考える時間を取ると、その変容を自分自身で見つめることができ、より効果的でしょう。

16

自分の良さを深め、広げる

自分だけの富士山を

[素材] 学生時代の恩師からの言葉

[ポイント] 自分の得意なことを深めるのは大切なことです。一方で、得意なことばかりやっていると視野が狭くなることもあります。自分の得意以外にも目を向けて視野を広げていくと、個性がより一層伸びていきます。

[対応する内容項目] 個性の伸長

板書》得意と苦手

　人は誰でも、得意なことと苦手なことがあります。

　たとえば、ドッジボールは得意でも、鬼ごっこは苦手だという人。ドッジボールばかりして遊んでいませんか?

　国語は得意だけど算数は苦手だという人。国語の勉強ばかりやる気になっていませんか?

　バスケは得意だけどサッカーは苦手だという人。バスケの時だけ本気になっていませんか?

　ついつい得意なことばかりやるのが人間です。

　先生が大学院生の時の先生に、こんなことを言われたことがあります。

板書》自分だけの富士山を

　「自分だけの富士山をもちなさい」と。富士山と言えばこれですよね。

提示》富士山の写真

富士山のてっぺんは、あなたの得意なことです。でも、得意なことだけを積み重ねても、富士山のような美しい山にはなりません。なぜ、富士山が美しい山なのか。それは、すそ野があるからです。 **演出 》》すそ野の部分を指さす**

学年に応じて「すそ野」の意味を説明しましょう

ここに来るのが、苦手なことやまだ挑戦していないことです。得意分野に磨きをかけて、山を高くすることも大切。でも、すそ野を広げて、美しい山にしていくことも大切なのです。だれのものでもない、自分だけの富士山を心にもちなさいと言われました。

みなさんの心にも、自分だけの美しい富士山ができることを願っています。

『とっておきの話』を生み出す5つの力

探す力 （小技④）	恩師からの言葉は、心に残り続けていることが多いです。「なぜ自分はその言葉が心に残っているのか」という理由を深掘りして考えると、説話の素材になりやすいです。
創る力 （小技③）	喩え話が素材になる時は抽象度が高いので、分かりやすくするために最初は身近な話から入ります。
見せる力 （小技⑧）	富士山の写真を見せるだけでなく、指さしによってより注目してほしいところを強調して見せます。富士山のすそ野こそ意味があると伝わりやすくなります。
話す力 （小技③）	共感するように話し出し、恩師からの言葉を嬉しそうに思い出しながら話を進め、願いを込めて話を締めくくります。様々な感情を込めて話をするようにしています。
つなぐ力 （小技③）	富士山のイラストが載ったカードを一人一人に配り、「あなたにとってのてっぺんは？」「あなたにとってのすそ野は？」と振り返って書く時間を設けましょう。

17

怖がらず声を出す勇気をもつ

笑声＝笑顔を届ける声

素材 「キラビト！　めざましテレビ」フジテレビ
北海道代表の NTT ソルコ＆北海道テレマート（株）高橋明寿香さんの話

ポイント 声を出すのを怖がる子がいます。そもそも人は、自分の声について
振り返る機会があまりありません。目指したい理想の声をイメージできれば、
勇気を出して声を出すこともできるようになるかもしれません。

対応する内容項目 個性の伸長

もしもし、こちら、○○会社でございます。お客様のご用件をお話しください。
演出 》》電話応対のジェスチャー

こうしたお客さんからかかってくる電話を受ける仕事を、電話応対と言います。
実は、電話応対コンクールというのがあるのを知っていますか？
2017年度の優勝者は、この人です。高橋明寿香さんです。

提示 》》高橋明寿香さんの写真

高橋さんは、いつも笑顔を届ける声を心がけているそうです。名付けて……

提示 》》笑声　えごえ

「えごえ」と読みます。高橋さんは、笑声を出すために、姿勢や表情にも気を
遣っているそうです。
こんな人と電話できたら、良い気持ちになりそうですね。

みなさんの声は、どんな声をしているでしょう？
笑声かどうか、チェックしてみてはどうでしょうか。

　声だけで、「この人は気持ちの良い人だなぁ」と思ってもらえる人になりたいですね。

　今から〇年〇組の笑声コンテストをします。
　友達の声を聞き合って、多くの人から笑声だと思ってもらえた人には、みんなの前で声を出してもらいます。席を立って笑声な人を探しに行ってみてください。
　よーい、はじめ！

『とっておきの話』を生み出す5つの力

探す力（小技③）　何気なく観ていたテレビ番組からも素材は得られます。素材は探しに行く物もありますが、突然やってくる物もあります。その時にアンテナ高く逃さずキャッチできるかどうかは常に試されています。

創る力（小技⑩）　演出から始まる説話によって、聞き手の興味を惹きつけます。今回は具体的に提示したい行動をジェスチャー化する演出を取り入れました。

見せる力（小技④）　電話の受話器を演出の小道具として使うとより一層聞き手の興味を惹きつけます。

話す力（小技①）　「えごえ」の部分はゆっくりと読み上げます。子どもたちにとって初めて出合うであろう言葉はより丁寧に話すようにしています。

つなぐ力（小技⑨）　「笑声コンテスト」の後に笑顔を届ける声を練習する「笑声キャンペーン」をしても良いでしょう。自分の今までの声とキャンペーン後の声を比較し、子どもたちと一緒に変容を楽しんでも面白いです。

18

「はじめる勇気」を後押しする

できるようになる唯一の方法

素材 朝日新聞　2017 年 9 月の朝刊

ポイント 始める前から「どうせできない」と諦めてしまう子がいます。しかし、始めないとできるようにはならないのです。そんな「はじめる勇気」がもてない子の背中を後押しするような説話を届けたいと思い、創りました。

対応する内容項目 希望と勇気、努力と強い意志

提示 ≫ できるようになりたい

みなさんは、今できるようになりたいと思っていることはありますか？どんなことができるようになりたいか、いくつか教えてください。 指名 ≫
なるほど。誰しも何かできるようになりたいことがありますよね。

提示 ≫ できるようになる唯一の方法

実は、その方法はたった 1 つしかありません。何だと思いますか？

学年に応じて「唯一」の意味を説明しましょう

正解は……

板書 ≫ はじめること

始めることです。えっ？　そんな答え？　と思ったかもしれません。でもね、始めないと絶対にできるようにはならないのです。

例えば、算数の九九を全て覚えたいと思ったら、九九を覚え始めないといつまで経っても覚えることはできませんよね？　九九の学習を始めていない人が、いき

なり7の段を唱えることはできないのです。

これはどんなことも同じ。
まず「はじめること」。それが全てできるようになることにつながっていくのです。
この「はじめること」を後押しする合言葉があります。何だと思いますか？

板書 》》やってみよう

みなさんで読んでみましょう。さんはい。**斉読 》》やってみよう**

これからみなさんも、「やってみよう」を合言葉にできるようになりたいことに向けて準備や練習を始めてみませんか？

『とっておきの話』を生み出す5つの力

探す力 （小技②）	ある日の新聞記事に載っていた「できるようになる唯一の方法ははじめること」という言葉に目が留まりました。学校生活のあらゆる場面でも同じだと思い、素材としました。
創る力 （小技⑨）	「できるようになりたい」という共感を誘い、その上で始めることの大切さを伝え、「やってみよう」という合言葉によって行動につなげます。
見せる力 （小技⑨）	聞き手が「答えは何だろう？」と思っている時ほど板書によってゆっくりと言葉を提示します。聞き手の反応によって見せ方を変えます。
話す力 （小技①）	具体例の内容は、子どもたちの実態に合わせます。「確かにはじめないとできないね」と反応が返ってくるような具体例を身近な話から取り上げて丁寧に話します。
つなぐ力 （小技⑤）	実際に、自分ができるようになりたいことやそのために始めたい準備・練習についてカードに書いてみてはどうでしょう？ 教室に掲示し、お互い切磋琢磨できるような雰囲気をつくります。

19

恥を乗り越える

恥をかくほど「み」になる

素材 「み」と読める漢字

ポイント 学校生活において、全体に向けて発言したり発表したりする場面は数多く存在します。そんな中、恥ずかしがって一歩踏み出せない子もいます。恥を乗り越えると良いことにつながるという考え方が大切です。

対応する内容項目 希望と勇気、努力と強い意志

板書》》恥

学年に応じて「恥」の読み方や意味を説明しましょう

　今まで、恥ずかしいと思った場面はありますか？
　例えば、みんなの前で一人でスピーチをすることが恥ずかしいと思う人もいるかもしれません。学芸会でいろんな人の注目をあびながら演技をするのが恥ずかしいと思う人もいるかもしれません。
　こんな言葉があります。

提示》》人は、恥をかくほど"み"になる

　この"み"にはどんな漢字が当てはまるでしょう？

板書》》実

　周りの目を恥ずかしがらず、努力し続ければ、実になります。努力は実るのです。

板書》》身

　自分にとって恥ずかしいと思うことでも、チャレンジしてみることは必ず身にな

り、無駄にはならないという意味です。恥ずかしいからやらないと思わず、ちょっと恥ずかしいことでも乗りこえてみようという気持ちで、いろんなことにチャレンジしてみてください。

板書》》味

　恥ずかしいこともチャレンジし続けていると、自分の人生が味わい深くなります。「あの時は恥ずかしかったけど、やってよかったなぁ」と思える思い出がたくさんあった方が、味わい深い人生になるのではないでしょうか。

恥➡実＋身＋味

『とっておきの話』を生み出す5つの力

探す力 （小技①）	同じ読み方でも意味の違う漢字は世の中に数多く存在します。その中でも、漢字1文字のインパクトは強く残ります。1つのテーマに対して漢字1文字の組み合わせが複数見つかれば、素材として十分です。
創る力 （小技⑨）	説話の導入では、聞き手の子どもたちが共感しやすい話題から始めることで、自分事として興味を惹きつけることができます。
見せる力 （小技②）	漢字1文字の板書をする際、なるべくゆっくりと大きく板書してみましょう。見る人によりインパクトを与えることができるようになります。
話す力 （小技①）	素材である漢字1文字のインパクトを最大限活かすために、長々とした補足説明はいりません。その分、間を空けて丁寧に話すようにしましょう。
つなぐ力 （小技⑦）	「み」になる場面を見かける度に子どもたちの背中を後押しする言葉かけをしてみましょう。恥を乗り越える力が身に付いていくことでしょう。

20 意識して行動する

意識しなければ高くとべない

素材 勤務校の校長講話

ポイント 意識せずに学校生活を送る子は意外と多いものです。成長するためには、自分の言動一つ一つを意識して見つめ直し、改善する必要があります。その意識することの大切さを伝える話となっています。

対応する内容項目 希望と勇気、努力と強い意志

　学校生活ですること、みなさんは数えたことがありますか？

　大きく分けると、授業、生活、登下校。3つですね。

　授業をさらに分けると、国語、算数、理科、社会、体育、など、その数はふえます。生活も同じように分けると、休み時間、給食、そうじ、など、その数はふえます。今のように、「先生の話を良い姿勢で静かに聞く」というのも学校生活ですることです。

　学校生活ですることを全て数えると、一日の間だけでも100以上あります。

　ものすごい数ですが、1つ1つを意識するのとしないのとでは大きな差が出ます。

　例えば、今からジャンプをしますね。

　ジャンプをする時にひざをしっかり曲げて勢いを付けてとぶことを意識しないでジャンプをする人は、こんな感じです。

演出 》》ボールをある高さから離して落とす

　スタートよりも低い高さまでしかとべません。

　次に、ひざをしっかり曲げて勢いを付けてとぶことを意識してジャンプをする人は、こんな感じです。

演出 》》「ひざをしっかり曲げて勢いを付けてとぶぞ！」と言ってボールを先ほどと同じ高さから下に向けて強く落とす

スタートよりも高いところまでとぶことができました。

提示 》 意識

意識するかしないかで、とべる高さがちがいます。

　みんなには、学校生活ですることの1つ1つで、高くとべる人になってほしいのです。低くとぶことになれたなまけた人には、レベルの低い学校生活しか待っていません。高くとぶことをいつも意識した人には、レベルの高い学校生活が待っているのです。
　ぜひ、レベルの高い学校生活を送ってください。

『とっておきの話』を生み出す5つの力

探す力 （小技⑤）	校長講話から学べることは多いものです。児童向けの話でありながらも、教員である私たちにも新しい気付きをもたらしてくださることがあります。
創る力 （小技①）	校長講話は、全学年の児童に向けてつくられています。学級の子どもたちに向けた説話を作る際は、その学年の実態に合わせて話の構成や言葉遣いを変えます。
見せる力 （小技④）	ボールが意識されず落とされた様子と、意識して落とされた様子の違いを見せることで、床に跳ね返って高くとぶ姿から具体的な成長イメージを想起させることができます。
話す力 （小技⑨）	話すテンポと演出のタイミングを合わせながら話します。こうすることで、演出が話を引き立てる役割を十分に果たすことができます。
つなぐ力 （小技④）	「意識するかしないかで本当に違いが出るのかどうか、みなさんで実際にやってみませんか？」と言ってその場でみんなでジャンプしても良いでしょう。自分の身をもって体験する方が強く記憶に残ります。

努力は成功を約束していないが、成長は約束している。

素材 学生時代の友人の言葉

ポイント 失敗を恐れて努力をしない子がいます。努力をしたってどうせ成功するとは限らないという考え方です。だからといって、努力は無駄だと決めつけられるものではありません。必ず成長につながることを伝えます。

対応する内容項目 希望と勇気、努力と強い意志

板書 》》努力はむくわれる

そう思うという人は〇、そう思わないという人は×を書きましょう。

指名 》》それぞれの立場の子を何人か指名し、意見を聞く

こんな言葉があります。

提示 》》努力は成〇を約束していない

〇の中には、「功」という漢字が入ります。

努力は成功は約束していない。努力は絶対にむくわれるとは約束できないという意味です。

実は、この言葉には続きがあります。こんなふうに続きます。

提示 》》努力は成功を約束していないが、 斉読 》》

提示 》》努力は成功を約束していないが、成〇は約束している。

〇の中に入る文字は何でしょう？ 指名 》》

〇の中には、「長」という漢字が入ります。みんなで読んでみましょう。

提示》努力は成功を約束していないが、成長は約束している。

あなたたちの努力は、必ずむくわれるとはかぎりません。
成功とは反対の、失敗ばかりかもしれません。
でも、努力すればするほど、必ずあなたたちの成長にはつながっていきます。
自分の成長につながる努力を続けた人には、いつか必ず成功が待っています。
それが、本当の意味での「努力はむくわれる」なのでしょう。

あなたが今している努力はありますか？

『とっておきの話』を生み出す5つの力

探す力 （小技④）	みなさんの周りの人に、「好きな言葉は？」と聞いてみたことはありますか？　そこから思わぬ説話の素材となる言葉を得られることがあります。私は友人との会話から多くの言葉を得ました。
創る力 （小技⑦）	もう一つの努力に関する有名な言葉「努力はむくわれる」と対比させて素材の言葉を提示することで、努力と成長のつながりを印象付ける話にしています。
見せる力 （小技⑥）	共通している文字をあえて見せ、一文字だけ隠してどんな漢字が入るのかを考えるように促すことで、「成功は約束していないが成長は約束している」という言葉の意味について深く考えられるようにします。
話す力 （小技④）	言葉を提示した後は間をおきます。子どもたちが言葉を味わう時間を作り出すのです。その際、表情や反応を見て間の長さを調整してみてください。
つなぐ力 （小技③）	大会前や試合前など、成功や失敗の結果が待っている行事に臨む際、この言葉を再び提示してどんな話だったのか振り返ってみましょう。

22

あきらめない心を育てる

「あきらめる」は後から身に付けた力

素材 育児体験から

ポイント 「もう無理だ」とすぐにあきらめてしまう子がいます。しかし、その子も赤ちゃんの頃はあきらめなかったはずです。あきらめる力を後天的に身に付けたという視点を得ることで、あきらめない心を育てます。

対応する内容項目 希望と勇気、努力と強い意志

提示 》赤ちゃんの写真

　赤ちゃんが泣く時は、おなかがすいていてミルクがほしいなど、だれかにしてほしいことがある時です。

　では、一回泣いて、まわりの人が何もしないと、赤ちゃんはすぐに泣きやむでしょうか? そんなことはないですよね。ずっと泣き続けています。

　赤ちゃんは、あきらめないのです。

板書 》あきらめる

　この言葉は、だれでも生まれた時には無かった言葉だそうです。

　赤ちゃんだった頃は、だれもミルクをあきらめませんでした。でも、今の私たちは、何かをあきらめる時がありますよね。

　実は、「あきらめる力」というのは、人間が生きていく中で、後から身につけた力だと言われています。私たちは、いつからこんな力を身につけてしまったのでしょうね。

　もちろん、時にはあきらめることも必要な時はあります。
　でも、あきらめてはいけない時は、あきらめずにチャレンジする心を大切にしてほしいと思います。
　だって、みんなだれもが、赤ちゃんだった頃は、絶対にあきらめていなかったのですから。

『とっておきの話』を生み出す5つの力

探す力 （小技⑦）	自分の子どもが産まれ、父親として育児に携わる中で「赤ちゃんは絶対にあきらめない」という真理を発見しました。学級の子どもたちも昔はそうだったと考え、願いを込めて素材にしました。
創る力 （小技④）	一方的に「あきらめるな」という押し付けにならないよう、時にはあきらめることも必要という視点も含めて賛否のバランスを考えて創ります。
見せる力 （小技①）	赤ちゃんの写真を見せることで、自分が赤ちゃんだった頃を思い出しやすくし、子どもたちが自分事としてあきらめない心について考えられるようにします。
話す力 （小技②）	具体例を話す時には、聞き手と一緒に共感するように「〜ですよね」を語尾にしながら話すようにしています。子どもたちの身近に落とし込むことができます。
つなぐ力 （小技③）	「なぜ赤ちゃんはあきらめないのか？」や「どうして私たちはあきらめてしまうのか？」を深掘りして考える時間を設けると面白いでしょう。

23

言葉遣いを見つめ直す

何を語っていますか?

素材 「努力する人は希望を語り　怠ける人は不満を語る」井上靖の名言

ポイント 不満ばかりを口にしている子を一人でも見かけたら、この説話をしてみてはいかがでしょうか。自分の何気ない言葉遣いが、自分の将来の人間性に大きく影響することを知ると、見つめ直したくなります。

対応する内容項目 希望と勇気、努力と強い意志

提示》
| A | いつも努力をしている人 |
| B | いつもなまけてばかりの人 |

みなさんは、次のどちらと友達になりたいですか?
Aの人？ 挙手》
Bの人？ 挙手》

　努力をしている人と友達になると、自分も努力をしている人に近づいていきます。逆に、なまけてばかりの人と友達になると、自分もなまけてばかりの人に近づいていきます。

　実は、その人がAの努力する人なのか、Bのなまける人なのか、簡単に見分ける方法があるのです。知りたいですか?

　では、教えましょう。これです。

提示》努力する人は希望を語り　なまける人は不満を語る

学年に応じて「希望」「不満」の意味を説明しましょう

努力する人は希望を語ります。次はこうしよう。これからこれにチャレンジしよう。もしできたらこうだ。○○が楽しみだなぁ。そんな言葉をよく使っています。

なまける人は不満を語ります。なんでそうなるの？　もっとこうしてよ。やりたくない。自分なんかできない。○○がつまらん。そんな言葉をよく使っています。

さて、努力する人かなまける人か。あなたはどちらですか？

『とっておきの話』を生み出す5つの力

探す力 （小技②）	世の中に名作と呼ばれる詩は多くありますが、子どもたちが読んでも分かりやすい詩というのは意外と限られています。それらを選び取る力も必要です。
創る力 （小技⑨）	努力する人と怠ける人の違いに興味を誘い、「怠ける人とは友達になりたくない」という気持ちから自分がそんな人になっていないか振り返るきっかけをつくります。
見せる力 （小技②）	「知りたいですか？」ともったいぶってから提示する物には注目が集まります。本当に知りたいと思わせてから見せる工夫が求められます。
話す力 （小技⑩）	「あなたはどちらですか？」と問いかけて話を終えることで、聞き手である子どもたちが自分事として考えられる話し方ができます。
つなぐ力 （小技①）	希望を語っている子を見かけたら「努力する人ですね」と認め、不満を語っている子を見かけたら「怠ける人になってほしくないな」と願いを伝えます。子どもたちがより言葉遣いを意識するようになります。

24

一歩先の努力を意識する

プラスワン

素材 先輩の先生から聞いた話

ポイント 指示されたことが終わって満足する子がいます。その子は一歩先の努力を知らずに時間が過ぎていきます。これではもったいないです。一歩先の努力があることを知れば、成長を楽しむ心が育っていきます。

対応する内容項目 希望と勇気、努力と強い意志

提示》 ＋1→プラスワン

何か1つ、付け加えて行動することをプラスワンと言います。

たとえば、あいさつ。ＡとＢで、ちがいはわかりますか?

提示》

| A おはようございます。 |
| B 〇〇先生、おはようございます。 |

ＢはＡから「相手の名前」をプラスワンしたあいさつになっていますね。

さらに、Ｂのあいさつにプラスワンしてみましょう。

提示》

| C 〇〇先生、おはようございます。今日はいい天気ですね。 |
| D 〇〇先生、おはようございます。あれから調子はどうですか? |
| E （笑顔で、明るい声で）〇〇先生、おはようございます。 |

Ｃはさらに言葉を付け加えたあいさつになっていますね。話がはずんでいきそうです。Ｄは相手を気遣う言葉を付け加えていますね。やさしいあいさつになりました。Ｅは表情や声の明るさが付け加わりました。それだけで、ちがったあいさつになります。

あいさつ以外にも、プラスワンできそうな場面、思いつきませんか? 指名》

例えば、感想を書く時。いつもは10行書いていたけど、今日は11行書いてみましょう。例えば、給食の時。いつもは減らしていた野菜も、今日は多めに食べて

みましょう。例えば、ごみ拾い。いつもは一日10個拾っていたけど、今日は11個に挑戦しましょう。きっと他にもいっぱいあると思います。

　プラスワンを続けると、良いことがあります。

提示》》

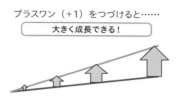

プラスワン（＋1）をつづけると……
大きく成長できる！

　それは、ほかの子よりも大きく成長できることです。プラスワン自体は、小さいプラスですが、それが積み重なると、大きなプラスへと変わっていきます。プラスワンをしてこなかった子とくらべたら、大きな差が出ているでしょう。

　今日から、プラスワンできそうな場面を見つけていきましょう！

『とっておきの話』を生み出す5つの力

探す力（小技④）	先輩の先生との会話で出合った言葉を素材にしました。耳馴染みの良い言葉が聞こえてきたら素材となる可能性が高いです。
創る力（小技④）	プラスワンという言葉だけ伝えても印象は弱いです。実際にどのような場面で使える言葉であり、どのような考え方なのかという解釈を付け加えて創りました。
見せる力（小技⑨）	今回は見せる物が多いため、パワーポイントのスライドでテンポよく見せていくようにします。また、話のリズムを崩さないために、提示を多く使います。
話す力（小技②）	あいさつ以外のプラスワンできそうな場面について、「〇〇くんの△△もプラスワンできそうですね」と指名した子の意見をつないでいくように話します。
つなぐ力（小技⑦）	あらゆる場面で「プラスワンしてみましょう！　どんなプラスワンができるかな？」と積極的に呼びかけることで、「プラスワン」という言葉が子どもたちにとって合言葉として定着するようにします。

25

大変なことを乗り越える

大変は、大きく変わる。

[素材] 「大変」という漢字

[ポイント] 大変という言葉にはネガティブなイメージが付きやすいため、「大変だなぁ」と感じる度に気持ちもネガティブになりがちです。そこで、説話によって「大変」にポジティブなイメージを付けてみましょう。

[対応する内容項目] 希望と勇気、努力と強い意志

[板書]》たいへん

みんなだれでも、大変だなぁと思う時があります。
たとえば、宿題が大変だなぁと思う子はいますか？ [挙手]》
他にも、大変だなぁと思うことはありますか？ [指名]》
[演出]》指名した子の意見に対して「それは大変だね〜」と共感しながら聴く。

ところで、大変って漢字で書くとどう書くか知っていますか？

[板書]》大変 = 大きく変わる

大きく、変わる、と書いて大変なんです。
大変な時ほど、それは自分が大きく変わる時なんですね。

今、大変だなぁと思っていることを乗り越えると、自分が大きく変わり、そのことは大変ではなくなります。

[板書]》中変　小変

もう中変や小変ぐらいになっているでしょう。

そして、また大変なことがやってくると、さらに自分が大きく変わります。

　もしかしたら、今大変なことでも、自分が大きく変わることで、案外つらくないと感じるのかもしれません。

　大変なことも乗り越えてみましょう。大変だからこそ、大きく変われるのですから。

大きく　変わる

『とっておきの話』を生み出す5つの力

探す力 （小技①）	言葉の意味は漢字が教えてくれます。1文字1文字を丁寧に見ることで説話の素材が思い浮かんで来るものです。漢字を通して日本語の美しさを感じます。
創る力 （小技③）	「中変」や「小変」等の存在しない言葉をオリジナルで創ってしまうこともあります。説話の内容を分かりやすくするために必要であれば創ってみましょう。
見せる力 （小技②）	始めはあえて「たいへん」と平仮名で板書して見せておくことで、後で板書する「大変」という漢字に注目を集めやすくします。
話す力 （小技⑤）	話の終わりには前向きな気持ちになれるような呼びかけの言葉を伝えます。どの説話も必ず聞き手がポジティブな感情で終われるように話します。
つなぐ力 （小技①）	子どもたちにとって大変な場面に出合ったらこの説話を思い出し、「今、大きく変わろうとしている時だね」とがんばりを認める声かけをしてみてください。

26

続ける力を鍛える

本物は続く　続けると本物になる

素材 先輩の先生からの教え

ポイント 続ける力を鍛えると、子どもたちが根気よく学習するようになります。何事も続かないと本物にはならないのです。続けて初めて自分の成長を実感するようになります。続ける大切さを伝える説話です。

対応する内容項目 希望と勇気、努力と強い意志

板書≫一発屋　三日坊主

　この2つの言葉の意味は知っていますか?　どちらも本物ではない活躍・努力をしている人に向けられた言葉です。一発屋は、一度だけ、またはある一時期だけ活躍した歌手やタレントのことを言います。三日坊主は、物事に飽きやすく、長続きしないこと。また、その人のことを言います。

　では、本物の活躍・努力とはいったい何なのでしょう?
　こんな言葉があります。

板書≫本物は続く

　本物の活躍というのは、一度きりの活躍だけではなく、活躍し続けることを言います。
　本物の努力というのは、一時期だけの努力ではなく、ずっと努力し続けることを言います。
　本物の活躍・努力をしている人というのは、続く人なのです。

　実は、この言葉にはこんな言葉が続きます。

板書 》》続けると本物になる

本物の活躍・努力をしている人は、始めから本物だったわけではありません。
続けてきたからこそ、本物になっていったのです。

みなさんも本物の活躍・努力を目指してみてください。

『とっておきの話』を生み出す5つの力

探す力 （小技④）	先輩の先生から教えていただいた話を、担任する学級の子どもたちにも伝えたいと思い、説話の素材にしました。
創る力 （小技⑥）	「続ける」と言えばよく知られている言葉である「一発屋」「三日坊主」も合わせて話題に触れながら話すことで、素材の言葉としての魅力をより引き立てることができます。
見せる力 （小技⑧）	いきなり最初から最後まで見せるのではなく、あえて2つに分割して1つずつ見せることで、言葉の意味を丁寧に考えられるようにします。
話す力 （小技⑤）	期待を込めて話すようにすることで、続けられる人との距離感を縮め、自分事として「僕も続けてみよう」と思えるように促します。
つなぐ力 （小技①）	何かを継続してがんばっている子を見かけたら「本物になってきたね」「本物は続くよ」と価値づけて認める声かけをしましょう。学級内に子どもたちの本物の姿が増えていきます。

27

心機一転して進む

今日から、進年。

[素材] 2021年1月1日朝日新聞広告　集英社広告「今日から、進年。」

[ポイント] 新年を迎えた後の冬休み明けにおすすめの説話です。新学期と新年の迎えるタイミングは違いますが、どちらも1つの節目として教師から心に残る語りをすることは大切にしたいです。節目に一歩踏み出す話です。

[対応する内容項目] 希望と勇気、努力と強い意志

新年、あけましておめでとうございます。
みなさんは、「しんねん」を漢字でどうやって書くかわかりますか？

[板書] >> 新年

新しい年と書いて、新年です。
でも、先生はお正月の新聞で、違う「しんねん」を見つけました。
こんな漢字です。

[板書] >> 進年

これは、何て言う漢字でしょう？ [演出] >> 「進」を指さしながら問いかける
そう、進むという意味です。

[板書] >> 今日から、進年。

読んでみましょう。さんはい。 [斉読] >> 今日から、進年。

新しい年を迎えました。今年もみなさんが一歩一歩進む年、成長できる年となりますように。

今日からまた、進んでいきましょう。

新_年　　進_年

『とっておきの話』を生み出す5つの力

探す力 （小技③）	お正月には必ず朝からコンビニに行って全社の新聞を購読するようにしています。なぜなら、お正月の新聞は特別な記事や広告がたくさん載っているからです。言わば素材の宝庫。私の毎年恒例の儀式です。
創る力 （小技③）	長期休み明け最初の話はあえて短く終わるシンプルな内容を心掛けています。久しぶりに話を聞く側の子どもたちの立場になって考えて創りました。
見せる力 （小技⑧）	新年の「新」と進年の「進」を強調して大きく板書することで、違いが明確になります。どこに注目して良いかを考えて見せ方も変えます。
話す力 （小技⑥）	お正月にかけて、絵馬に願いを書くように子どもたちの成長を願う言葉かけをして話を終えるようにします。さりげない演出ですが話の印象が変わります。
つなぐ力 （小技③）	この説話をきっかけにして新年の目標を立ててみませんか？　目標に向かってがんばっている子を褒めて認めるチャンスが生まれます。

28

自分自身と勝負する

勝負するのは相手ではなく自分

素材 今井達也投手（当時は鹿沼市立西中学校）のインタビュー、他校の先輩の学級通信

ポイント 勝負と聞くと誰かと勝負することがまず思い浮かびがちです。しかし、自分の成長のためには、自分自身と勝負することが重要です。そんな自分自身と勝負する大切さをわかりやすく伝える話です。

対応する内容項目 希望と勇気、努力と強い意志

　高校野球で日本一の投手となった選手がいます。今井投手です。

提示≫ **今井投手の写真**

　今井投手は、レギュラーメンバーを外れたこともあったそうです。それでも、ある言葉を信じて、努力し続けてきたことで、日本一の投手になれました。それは、この言葉です。

板書≫ **勝負するのは相手ではなく**

　この続きには……自分、という言葉が入ります。板書≫ **自分**

板書≫ **成長率　せいちょうりつ**

　その人がどれだけ成長できたかどうかを表したものを、成長率と言います。成長率が高ければ高いほど、たくさん成長できたという意味です。今井投手は、自分と勝負することで、成長率がすさまじく高くなったそうです。

　なぜ、自分と勝負をし続けている人は成長率が高くなるのでしょうか。指名≫
それには、3つの理由があります。

　一つ目は、自分が一番の敵だからです。

板書≫ **(1) 自分が一番の敵**

　今井投手も、レギュラーメンバーから外れた時は苦しかったはずです。そんな自分の気持ちに打ち勝ったからこそ、日本一の投手になれたかもしれません。

　二つ目は、自分と勝負をし続けている人に助けてくれる人が集まるからです。
板書》》（2）自分を助けてくれる人
　今井投手も、監督や仲間、家族からの助けをたくさんもらったそうです。

　三つ目は、他のだれでもない、自分のための練習ができるからです。
板書》》（3）自分のための練習
　今井投手も、たとえ猛練習でも、自分のためだと思ったからこそ続けていけたのです。

提示》》自分が勝負するのは相手ではなく自分
斉読》》自分が勝負するのは相手ではなく自分
　みなさんも、自分と勝負し、成長率をどんどんと高めていってください。

『とっておきの話』を生み出す5つの力

探す力（小技③）	スポーツ選手のインタビューは、「成長」「夢」「努力」等のテーマに関わる言葉が含まれていることが多いです。他校の先輩の学級通信でも取り上げられていたので自分なりに調べた上で素材にしました。
創る力（小技⑤）	「3つの理由があります。」と先に数を提示することをナンバリングと言います。これをすることで、余計な説明を省くことができます。
見せる力（小技②）	見せたい言葉の全てを板書するのではなく、あえて途中で止めて続きを考えたくなるように見せることで、聞き手の興味を惹きつけます。
話す力（小技⑥）	子どもの記憶に残したい言葉は時には斉読しても良いでしょう。耳で受けた言葉より、自分の口から発した言葉の方が記憶に残りやすいです。
つなぐ力（小技①）	子どもが自分と勝負している場面を見つけたら「今、自分と勝負しているね。成長率が高くなってきているよ」と励ましの言葉を掛けます。

29

違和感を大切に整理整頓する

違和感のすすめ

素材 教室内の光景

ポイント 違和感無く見過ごしている光景というのがあります。例えば整理整頓。慣れてくると違和感が無くなり、整理整頓しようという気持ちも薄れていきます。「違和感」という言葉を目の前の光景を見つめ直す視点の1つとして意識することで、整理整頓しようという気持ちを高めます。

対応する内容項目 真理の探究

提示 》ぞうきんが整とんされていないぞうきんがけの写真

この写真を見て、何か気になることはありませんか？ 指名 》

提示 》ろうかにごみが落ちている様子の写真

この写真を見て、何か気になることはありませんか？ 指名 》

何かが気になる。いつもとちがう。直したいところがある。
そんな感覚を、違和感と言います。

板書 》違和感　いわかん

　毎日学校に来ていると、何を見てもいつもの光景だと思ってしまいがちです。でも、毎日必ず違和感をもつ場所が必ずあります。いつもとちがうのです。
　それをすばやくキャッチして動ける人が多いほど、気持ちの良い光景が広がっていくことでしょう。ぜひ、違和感を大切に。

それでは今から、この教室の違和感をみなさんに探しに行ってもらいます。
いくつ見つけられるかな？
よーい、スタート！

> 違和感を見つけた子を大いに褒めましょう

『とっておきの話』を生み出す5つの力

探す力（小技⑧）
教室内を見回してみると、説話の素材にできそうな光景は多く見つかります。複数撮影すれば比較しながら話せます。アップとルーズで撮影すれば出合いの演出にもなります。

創る力（小技⑩）
教師から話す言葉の量が少ない説話の場合、思い切って子どもたちの意見で話をつなぐのも良いでしょう。導入からの指名を主に話を構成しました。

見せる力（小技⑤）
身近な物の写真を見せることで、自分事として考えやすくなります。また、見慣れているはずの光景に新しい視点が加わることで、驚きと共に「言われてみればそうだ」という気持ちが湧き上がるでしょう。

話す力（小技②）
話の終盤で違和感を探しに行っている間、全体に聞こえる声で一人一人を大いに褒めて認める声かけをします。

つなぐ力（小技⑧）
ビフォーだけでなく、アフターの写真も今後行動につながる場面を想定して提示することで、違和感を意識しただけで整理整頓の様子が大きく変わることを伝えます。

30

意味のある質問をする

ほしい答えにつながる質問

素材 「短編！ ほんとうにあった感動物語 スポーツの感動物語」学研

ポイント 質問の力を侮ってはいけません。学校生活のあらゆる場面で子どもたちは「もっと知りたい」「疑問を解消したい」という場面に出合うはずです。そこで質問の力のある子は未来の行動を変える力のある子に育ちます。

対応する内容項目 真理の探究

提示 》中村俊輔選手の写真

　プロのサッカー選手である中村俊輔選手は幼い頃他の選手よりも体が小さくて苦労したそうですが、大人になってから世界で有名な選手となりました。そんな中村俊輔選手が幼い頃にした質問の仕方が素敵だと思いました。
　どんな質問の仕方だと思いますか？

　サッカーが上手くなりたい時、こんなふうに質問しませんか？
　「どうしたらドリブルが上手くなりますか？」
　「どうしたらシュートが決まりますか？」

　でも、中村選手は違いました。こんなふうにコーチへ質問していたそうです。
　「ボールをキープするとき、ボールをかくすためには、どうやって手を使えばいいの？」
　「そういう体のよせ方は、ファウルにならないの？」

　中村選手の質問は、実際の試合で起こることをもとに自分のほしい答えにつながる質問をしていたのですね。
　その後、中村選手は試合で使える技をどんどん身に付けていったそうです。

板書 » ほしい答えにつながる質問

　質問をする時、なんとなく質問しているとなんとなくしか答えが返ってきません。
　自分がほしい答えは何なのかをはっきりとさせ、それにつながるような質問の仕方を心がけましょう。質問するって意外と難しいのですよ。

　質問の上手い人には、相手も喜んで答えてくれますよ。
　ほしい答えにつながる質問を、ぜひできるようになってください。

『とっておきの話』を生み出す５つの力

探す力 （小技②）	スポーツ選手の偉人伝と聞くと試合でのプレースタイルやチームワークに注目しがちですが、「人間として」大切な部分が垣間見えると新しい視点として面白い素材となる可能性が高まります。
創る力 （小技③）	他にも様々な中村俊輔選手のエピソードがありましたが、質問の仕方のみを取り上げ、テーマに一貫性をもたせて説話を創るようにしました。
見せる力 （小技①）	中村俊輔選手の写真を最初に見せることで、人物像の余計な説明を省きます。ここでは、有名なサッカー選手であることが伝われば十分です。
話す力 （小技④）	サッカー選手の話から始まったのに、「質問の仕方」について語られるというギャップを演出するために、話題の切れ目であえて間をおいてから話を続けます。
つなぐ力 （小技①）	上手な質問の仕方をしている子を見つけたら「ほしい答えにつながる質問ができていますね」と認める声かけをしましょう。

コラム 「5分のとっておきの話と45分の授業」

「子どもたちに何を話したらいいのか分からない。」

　この本を手に取ってくださった先生方の中には、こんな気持ちの方もいらっしゃるでしょう。安心してください。私も同じ気持ちでしたし、今も同じ気持ちです。つまり、ずっと考え続けていく問いなのです。450話以上の『とっておきの話』を作ってきた私も、未だに明確な答えとなる「これさえ話しておけば」という説話に出合えていません。しかし、答えが出なくて当然なのです。なぜなら、5分のとっておきの話は、教師自身の教育哲学や子どもたちの実態に合わせ続けながら創り、実践していくものだからです。「子どもたちに何を話したらいいのか」の答えは、あなた自身と目の前にいる子どもたちがもっているのです。

　ここまで読んだみなさんは、何かと似ていると思いませんか？　そう……授業づくりと同じなのです。「子どもたちを前にして、どんな授業をしたらいいのか」という問いにも明確な答えは無く、やはり教師自身の教育哲学や子どもたちの実態に合わせ続けながら授業づくりがされるのです。

　「5分のとっておきの話と45分の授業」の関係性を意識すると、2つの結論が導き出されます。1つ目は、「45分の授業づくりをいきなり考えるのは難しいが、5分のとっておきの話なら考えられる。」という教師にとっての自己研鑽のスモールステップになるという結論です。2つ目は、「5分のとっておきの話をまともに考える力量も無いのに、45分の授業についてまともに考える力量なんてあるはずがないだろう。」という自戒の念としての結論です。このように、説話づくりと授業づくりの関係性は深いと言えます。

　授業づくりが上手くいかずに悩んでいる先生方にこそ、『とっておきの話』の実践をおすすめします。あなたの5分のとっておきの話は、あなたの45分のとっておきの授業へとつながっていくはずです。

第2章
温かい人間関係をつくりたくなる『とっておきの話』

31

相手意識を育てる

自分勝手と相手意識

素材 読書の経験から

ポイント 「自分勝手」に比べ、「相手意識」という四字熟語はあまり知られていません。ここを対比しながら話すことで、人間関係の形成において大切な「相手の気持ちを考える」視点を意識できるようになります。

対応する内容項目 親切、思いやり

板書》自分勝手

学年に応じて「自分勝手」の意味を説明しましょう

この中に、自分勝手な人を見たことがある人？ 挙手》

では、自分勝手だったなぁと自分自身が思ったことのある人？ 挙手》

自分勝手な相手も嫌だし、自分勝手な自分も嫌ですよね。
今日は、そんな自分勝手とは反対の言葉を紹介します。何だと思いますか？
ヒントは、同じ四字熟語です。

板書》相手意識

「あいていしき」と読みます。読んでみましょう。さんはい。 斉読》

自分勝手から脱け出すためには、相手を意識することが大切です。
相手を意識するということは、相手の気持ちを考えることにつながります。

提示》思いやり　親切　ありがとう　ごめんなさい……
これらは全て、相手意識からつながった行動や言葉です。

演出》》板書された「相手意識」という言葉を指さしながら
もう一度読んでみましょう。さんはい。 **斉読**》》

　みなさんは今日から、自分勝手を脱け出し、相手意識ができる人になってください。そこから様々なステキな行動や言葉につながるはずです。すると、もっと相手意識ができるようになりますよ。

　相手意識の輪を、このクラスで広げていきましょう。

『とっておきの話』を生み出す5つの力

探す力 （小技①）	四字熟語は面白いです。同じ4文字でも意味が反対の言葉の組み合わせを見つければ、それだけで聞き手の興味を惹きつける魅力があると言えます。
創る力 （小技④）	相手意識をすると具体的にどんな行動や言葉につながるのかを併せて紹介することによって、提案する言葉に価値づけをします。
見せる力 （小技⑧）	「相手意識」と板書する際、「相手」と書いて敢えて手を止め、一度子どもたちの反応を見ます。その後に続く言葉を一緒に考えるようにして少しずつ見せます。
話す力 （小技⑥）	価値観を一方的に押し付ける話し方にならないよう、子どもたちの思考や斉読の時間を挟みながらゆったりとした口調で話します。
つなぐ力 （小技⑥）	教師にとっても、今後の子どもたちの言動に対して「今のは自分勝手」「今のは相手意識」と指導する基準となります。それを子どもたち自身で考えるような場を与えることで、助け合う学級集団に育ちます。

32

わけ合うことを大切にする

わけ合えばあまる

素材 「わけ合えば」相田みつを、体験談

ポイント 良いクラスづくりにおいて、わけ合うことは少しずつ育てていきたい考え方の1つです。わけ合うことはステキだという考え方が広まることで、良好な人間関係が築かれ、助け合いの精神にもつながります。

対応する内容項目 親切、思いやり

提示 》》コロッケの写真

今日は先生が担任していたクラスの思い出を話します。

ある日の給食のコロッケおかわりじゃんけんで、こんなことがありました。
おかわりをしたい子は4人なのに、コロッケが3個しかなかったんです。仕方なくその子たちは、じゃんけんでもらえる3人を決めました。その時、もらえなかった1人の子の様子を見て、もらえた3人のうちの1人の子がこう言いました。

「半分にすればみんなもらえるよ!」

3個のコロッケが、6個の半分コロッケになりました。すると、1個ずつもらった4人の子たちが、さらにみんなにこう呼びかけました。

「2個あまったので、ほしい人はいませんか?」

おかわりをあきらめていた別の2人がコロッケをもらいに来ました。
3人で奪い合うことをやめたことで、6人が気持ちよくコロッケのおかわりをすることができたのです。

みなさんは、こんな言葉を知っていますか?

板書》》うばい合えば足らぬ　わけ合えばあまる

相田みつをさんの詩の一部分です。本当はどんな詩なのか、読んでみたいですか?

こんな詩です。

演出》》詩を読み聞かせる

最後に、みんなで読んでみましょう。　**斉読》》**

『とっておきの話』を生み出す5つの力

探す力 （小技②）	相田みつをさんの詩は一見、子どもにとっては難解な部分も含まれているように感じます。しかし、身近な話と組み合わせることで、子ども向けの詩にもなります。
創る力 （小技①）	子どもにとって身近な話をストーリーとして語り出すことから説話を始めることで、素材との出合いのハードルを下げます。
見せる力 （小技⑧）	詩を提示する際、全文をいきなり見せるのではなく、キーとなる一文をまず見せることで興味を惹きつけ、全文への関心を高めます。
話す力 （小技⑥）	詩を読み聞かせた後、斉読の時間を取り入れることで、わけ合う考え方の大切さについて詩を通して自分事として考えられるようにする。
つなぐ力 （小技②）	「わけ合えばあまる」の場面に出会ったら全体に紹介していきましょう。コロッケの話以外にも具体例が積み重なることで、より自分事となっていきます。

親切な心を育てる

これから親切

[素材] 体験談、造語「これから親切」

[ポイント] 親切と聞くと、その場で親切する姿を思い浮かべがちですが、これから訪れる人のために親切するという視点も大切です。親切心だけでなく、未来を見据えて動く力も育つきっかけとなります。

[対応する内容項目] 親切、思いやり

　ある年のお正月。私は地元の有名な神社でお詣りをしに電車に乗っていました。
電車を乗り継ぎ、△△駅という駅から○○駅行きの電車に乗りました。
その時です。目の前の光景に驚きました。

　私が乗った車両の乗客の方々がみんな……立っていたのです。
席が埋まっている訳でもありません。みんな空いているのです。
席がこんなにも空いているのに、どうしてみんな座らないのだろう？
不思議な光景をしばらく眺めていると、なんとなくわかってきました。

　次の駅からも、乗ってくる人はだれも座らないのです。しかし、その中で座った人がいました。お年寄りの方たちでした。
その後も、次々に立っていく若者たち。次々に座っていくお年寄りの方たち。

提示 》 席をゆずっている電車のイラスト

　この話に出てくる若者たちは、ただ席をゆずるのと、大きくちがうところがあります。何だと思いますか？

　それは、前もって席を空けているところです。いつもお詣りにはお年寄りも電車に乗ってくることがわかっていたから、前もって席を空けていたのです。

　これは、お年寄りが乗ってきてから席をゆずるのと、ちがう親切の形だと思いませんか？

　これからどんなことが起きるのかを予測することは大切です。
　毎年のことだから、これからお年寄りがたくさん乗ってくるだろうなぁと予測し、席を空けておく。こういう親切の形を、「これから親切」と言います。

板書≫これから親切

　学校生活にもありませんか？　たとえば、トイレのスリッパがそろっていなかったら、これからトイレを使う人がいるだろうなぁと予測し、さっとそろえておく。これも「これから親切」です。何も起きていない時こそ、「これから親切」ができるチャンスです。
　ぜひ、チャレンジしてみましょう。

『とっておきの話』を生み出す５つの力

探す力 （小技⑨）	自分の体験談と結び付けられる言葉が無いか探しましたが見つかりませんでした。そこで、自分で「これから親切」という造語を生み出し、素材にしました。
創る力 （小技⑤）	実際はもっとたくさんのことを体験しましたが、体験談の部分が長くなり過ぎないように注意して創りました。
見せる力 （小技①）	聞き手に想像してもらいたい光景を具現化するために、イラストや写真を見せます。こうすることで、話し手と聞き手で同じ光景を共有して話を進めることができます。
話す力 （小技④）	教師自身が驚いた瞬間の前はたっぷりと間をおきましょう。話し手と聞き手が同じ驚きを共有して話を進めることで、感動を誘います。
つなぐ力 （小技⑨）	「これから親切キャンペーン」を設け、学校生活においてできる「これから親切」を子どもたちと一緒に考え、行動に移してみましょう。

言葉を伝えるタイミングを考える

賞味期限のある言葉

(素材) 「子どもたちが身を乗り出して聞く　道徳の話」 平光雄／致知出版社

(ポイント) 人間関係の形成において「ありがとう」や「ごめんね」という言葉を伝えるべきタイミングで伝えることは大切です。その機会を逃したがためにトラブルことも少なくありません。言葉には期限があるという視点を与えることで、言葉を伝えるべきタイミングについて考えるきっかけとします。

(対応する内容項目) 親切、思いやり

(板書)≫ 賞味期限

(提示)≫ 賞味期限のある商品の写真

> 賞味期限
> 　　2022.12.01

　みなさんは、「賞味期限」という言葉を聞いたことがありますか？
　スーパーで買い物をしていると気づく子もいると思います。食べ物にはおいしさを保てる締め切りが決められていて、「この日までならおいしく食べられますよ」という期限を賞味期限と言います。
　刺身や肉、お惣菜やサラダなど、食べ物によってそれぞれちがう賞味期限が決まっています。

(板書)≫ 言葉の賞味期限

　では、もし賞味期限が食べ物ではなく、「言葉」についていたとしたらどうでしょう。「この言葉には賞味期限がありそうだな」という言葉、あるでしょうか。

先生は、次の2つの言葉には、賞味期限がついていると思います。

板書 》**ありがとう　ごめんなさい**

みなさんは、1か月先に「1か月前のことなんだけど、ありがとう」って言われても困りますよね。「ありがとう」はそう思ったらすぐ、1秒でも早く言うと相手においしく伝わります。

「ごめんね」も一緒。「あの時はやっぱりおれが悪かった。ごめんね」って言われても何を今さらって思いますよね。これも1秒でも早く言うと相手においしく伝わります。

「ありがとう」と「ごめんね」は1秒でも早く相手に食べさせてあげる賞味期限のある言葉です。

もしかして、賞味期限切れの「ありがとう」や「ごめんね」を心の中にためていませんか？

『とっておきの話』を生み出す5つの力

探す力 （小技⑤）	筆者が紹介していた説話をヒントに「言葉の賞味期限」という視点を思い付きました。賞味期限は子どもたちにとってスーパーに行けば目に入る言葉という身近さもあります。
創る力 （小技④）	いい話を見つけたらそのままコピーすることはしません。自分だったらどのように話を組み立て、どうアレンジするかを考えて創り直します。
見せる力 （小技②）	先に「賞味期限」と板書しておきます。次に、その言葉の前に「言葉の」と書き加えるように板書することで意外性を生み出し、興味を惹きつけます。
話す力 （小技⑩）	賞味期限切れの「ありがとう」「ごめんね」の具体例を話して行動を促すことで、言葉を伝えるタイミングについてイメージしやすくなります。
つなぐ力 （小技③）	賞味期限切れの言葉がないか確認する時間を設けてみましょう。そして、「もしあったら今から伝え合ってみてください」と投げかけてみても良いでしょう。

35

相手のために動く

ドラえもん、ひみつ道具は出さなくていい。

素材 「大切なことに気づかせてくれる 33 の物語と 90 の名言」
西沢泰生／ PHP 文庫、ドラえもん短歌

ポイント 相手の話を聞くことやそばにいることは大切だと頭で分かっていて
も、なかなか忘れがちな視点です。そこで、それはドラえもんのひみつ道具
にも勝る欠かせない視点なのだということを伝えます。

対応する内容項目 親切、思いやり

板書 》》ドラえもん短歌 〈 学年に応じて「短歌」の意味を説明しましょう

　みなさんは、短歌を知っていますか？　五・七・五・七・七で言葉をつないで
いくものです。
　そんな短歌の中でも、「ドラえもん」をテーマにした短歌をドラえもん短歌と言っ
て、いろんな作品が応募されています。その中に、こんなドラえもん短歌がありま
した。

提示 》》次の短歌を、道具を出そうとしているドラえもんの画像と共に提示

```
ドラえもん
□□□□□□□
□□□□□
ひみつ道具は
出さなくていい
```

　□の中にはそれぞれ七文字と五文字の言葉が入ります。何だと思いますか？

　ヒント。ドラえもんと言えばひみつ道具なのに、この人は出さなくていいと言っ
ています。□の中には、ひみつ道具を出すことよりもしてほしいことが書いてあり
ます。わかるかな？

正解は、こんな短歌でした。

提示 》

> ドラえもん
> **話を聞いて**
> **そばにいて**
> ひみつ道具は
> 出さなくていい

　話を聞いて、そばにいて。困っている人には、ドラえもんの出すどんなひみつ道具よりも、ただ話を聞く、ただそばにいることが大きな勇気を与えるのかもしれませんね。

　あなたたちも誰かにとって、話を聞く、そばにいる、そんなドラえもんにきっとなれるはず。ひみつ道具は出さなくても、誰にだって持っている優しさを出していきましょう。

『とっておきの話』を生み出す5つの力

探す力 (小技②)	○○作文や○○短歌と呼ばれる作品コンクールはネット検索で調べてみると数多くあります。優秀作品の中にはハッとさせられるものがあり、説話の素材となります。
創る力 (小技⑥)	短歌だけでなく、ひみつ道具を出そうとしているドラえもんの画像を素材として組み合わせることで魅力を引き立て、短歌の世界観に入り込みやすくなるようにします。
見せる力 (小技⑥)	今回は2つの言葉を同時に隠して見せています。「話を聞いて」も「そばにいて」もどちらも同じくらい大切にしてほしい言葉だったからです。
話す力 (小技⑤)	「話を聞いて」「そばにいて」という言葉は優しく響くように伝えたいと思い、話す時はゆっくりと丁寧に話すように気を付けました。
つなぐ力 (小技④)	「ドラえもんタイム」を作り、話を聞いたりそばにいたりするソーシャルスキルトレーニングをしても面白そうです。

36

相手を安心させる言葉を伝える

困っている人には

素材 「育ちがいい人だけが知っていること」 諏内えみ／ダイヤモンド社

ポイント 困っている人を見かけたら「だいじょうぶ?」と声を掛ける。一見
気に掛けていていいように思えます。しかし、大切なのは気に掛けることで
終わらず相手を安心させる言葉かけができることです。

対応する内容項目 親切、思いやり

提示 》 困っている人の絵

みなさんなら、このように困っている人がいたら、何て声をかけますか?

指名 》

先生は今まで、よく「だいじょうぶ?」と声をかけていました。
でも、最近読んだ本に、こんなことが書いてありました。

提示 》 こまっている人には「だいじょうぶ?」ではなく、「　　　　」

「だいじょうぶ?」と言ってはいけないそうです。
では、なんて言えばよいのでしょう?
　　　　の中に入る言葉、わかりますか?

正解は……

提示 》》 こまっている人には「だいじょうぶ？」ではなく、「だいじょうぶですよ。」

だそうです。こまっている人に「だいじょうぶ？」ときくと、よけいにあせらせてしまいます。そんなとき、「だいじょうぶですよ」と言ってもらえたら、どれだけ安心する言葉になることでしょう。

演出 》》 もう一度絵を見せながら、比べて実演してみせる

ちなみにこの本の名前は、「育ちがいい人だけが知っていること」でした。

みなさんも困った人を見かけたら、「だいじょうぶ？」ではなく、「だいじょうぶですよ」「だいじょうぶだよ」「だいじょうぶよ」と声をかけ、その人をさっと助けられる育ちのいい人をめざしてみてくださいね。

『とっておきの話』を生み出す5つの力

探す力 （小技②）	私自身、「だいじょうぶ？」とすぐに言ってしまうタイプでした。読書を通して教師自身が気付かされたことは、子どもにも新たな気付きを与える素材になります。
創る力 （小技⑨）	話し手と同じ感動を味わえるように、先に「だいじょうぶ？」と言ってしまうという話題に共感しておいてから、そうではないですよという話題に移ります。
見せる力 （小技①）	実際に困っている人を見かけて声を掛けたくなるように、イメージしやすい絵をいくつか提示すると良いでしょう。
話す力 （小技⑥）	もう一度絵を見せながら「だいじょうぶ？」と「だいじょうぶですよ」の違いを実演しながら話すことで、よりその違いがイメージできるようになります。
つなぐ力 （小技⑦）	まずは教師自身が子どもに「だいじょうぶですよ」と声かけができるようになりたいです。その上で、子ども同士でも「だいじょうぶだよ」と声を掛けて助け合えるような雰囲気づくりをしていきたいですね。

第2章　温かい人間関係をつくりたくなる『とっておきの話』

37

いつもと違う親切の形を考える

親切のキャップ

素材 体験談

ポイント 親切の具体例を挙げると、固定観念に縛られた具体例を挙げがちです。たとえば、電車内の親切について具体例を挙げると、「席をゆずる」という意見しか出ないかもしれません。こうした「親切の形は1つだけ」という固定観念を解し、自分で考えて親切ができる子に育ってほしいです。

対応する内容項目 親切、思いやり

提示》

　ある日、私が電車に乗っていると、親切な行動をしている男の人に出会った。男の人の親切に、席にすわっているおばあさんはとてもうれしそうな顔をして「ありがとう」と言った。

演出》上の文章を読み聞かせることからはじめる

　男の人は電車でどんな親切をおばあさんにしてあげたのでしょう？ **指名》**

　席をゆずってあげたと思う人が多いと思います。
　実は……おばあさんは最初から座っていました。そんなおばあさんに男の人がした親切があったのです。何だと思いますか？

　男の人がおばあさんにしてあげた親切はこれです。
提示》ペットボトルのキャップを開けてあげた

　おばあさんの手には買ったばかりのペットボトルの飲み物。飲もうとしたら買ったばかりだからキャップを開けるのに一苦労していたのです。そこで、向かい側に座っていた男の人が立ち上がり、キャップを開けてあげたのです。

板書 ≫ 親切の形

　電車の中での親切の形というと、"おばあさんに席をゆずってあげる"という行動がまず思いつくかもしれません。でも、親切の形はその1つだけではありません。男の人がおばあさんにしてあげたように、席にすわっている人にも親切にすることができるのです。知らず知らずのうちに、私たちはこれが親切の形だと1つに決め過ぎているのかもしれません。

板書 ≫ 親切の形は1つじゃない

　読んでみましょう。さんはい。　**斉読** ≫
　みなさんもいろんな場面で、いろんな親切の形を見つけてみてくださいね。

『とっておきの話』を生み出す5つの力

探す力 (小技⑦)	外出すると無意識にしてしまうのが人間観察。外は様々な人々が行き交っており、そこでは様々なドラマが生まれています。人々が織り成す何気ない景色から思わぬ素材を得られることがあります。
創る力 (小技⑦)	あえて「電車内でおばあさんに席をゆずる親切」の様子を想像させるような導入からはじめることで、その後の展開と対比させ、ギャップをつくり出しました。
見せる力 (小技⑨)	「正解はこれです」と提示する際はもったいぶり過ぎると逆に聞き手にストレスを与えてしまいます。この場合はすぐに見せられるよう、板書ではなく提示して間をおかずに見せます。
話す力 (小技①)	話す分量が長い説話ほど、焦らずゆっくりと丁寧に話すようにしています。早口を避け、一文一文は短くしながら話します。
つなぐ力 (小技③)	固定観念を解すような親切の形を子どもたちと一緒に探したり考えたりしてみましょう。新しい親切の形を見つけたら子ども同士で真似できると良いですね。

38

心を込めて行動する

心ってどこにあるのでしょう?

素材 「心ってどこにあるのでしょう?」 こんのひとみ作　いもとようこ絵

金の星社

ポイント 心を込めて行動することは大切ですが、実際は様々な言い訳によって疎かになってしまいがちです。自分の体のどこに心があるのかという視点から、心を込めて行動することを見つめ直してみましょう。

対応する内容項目 親切、思いやり

板書 ≫心　こころ

みなさんは、心ってどこにあると思いますか? 指名 ≫

こんな題名の絵本があるのを知っていますか?

提示 ≫心ってどこにあるのでしょう?

この絵本の中身、知りたいですか?
少し教えると、こんなセリフが出てきます。

提示 ≫

心ってほんとうにすごい!　かたちにはみえないけれどからだの**いろんなところ**にあるんだね!

この「いろんなところ」というのは、例えばこの絵本の中でどんなところが心だと紹介されているのかというと……

提示 ≫

ほっぺ、むね、はな、あたま、おなか、しっぽ、みみ、て、あし、め、なみだ、くち、こえ 演出 ≫と順番にふやしていきながら提示

　どうしてそんなところに心があるの？　と思った人は、この絵本、ぜひ読んでみてください。

　みなさんは、この絵本のように、からだじゅうで心を感じていますか？
　なにげなく動かしている自分の体も、心を込めて動かしてみると、いつもと違う気持ちになるかもしれませんね。

とっておきの話を生み出す5つの力

探す力 （小技③）	息子の誕生日プレゼントのために絵本を買いに行きました。そこで偶然見つけた絵本のタイトルに目を奪われました。中身を読んで素材にしようと思いました。
創る力 （小技⑤）	絵本の読み聞かせとは違い、中身は全て紹介しません。心は体のどこにあるのかを子どもたちと一緒に考えるように必要な部分を引用しながら創りました。
見せる力 （小技⑧）	「体中のいろんな所で心を込めることができる」というメッセージ性がより伝わるように、あえて1つ1つの部位を少しずつ板書して見せます。「そんな部位も？」や「まだあるの？」という驚きを誘います。
話す力 （小技②）	1つ1つの部位を紹介する際、子どもたちに合わせて反応しながら話を進めてみましょう。一緒に驚いたり納得したりすることが大切です。
つなぐ力 （小技①）	説話をした上で、絵本の読み聞かせをしてみてください。絵本の内容がより伝わり、心を込めた行動が促進されるでしょう。そんな行動を見かけたら、「今のは○○に心があったね」と認める声がけをしましょう。

39

物にも人にも親切にする心を育てる

物を大切にできない人は

素材 ふと思い浮かんだ言葉

ポイント 物を大切にしない子がいたらこの説話をしてみてください。なぜなら、放置していると人を大切にしないことにつながってしまうからです。物との接し方は、人との接し方の練習でもあります。

対応する内容項目 親切、思いやり

提示 》傷つけないで。汚さないで。大切にして。

　今日は何についての話だと思いますか？
物を大切にしましょうという話だと思った人？ 挙手 》
手を挙げた人は、半分正解ですが、半分不正解です。

提示 》物を大切にできない人は

　実はこの続きがあるのです。どんな言葉が続くと思いますか？ 指名 》
ヒントを見せますね。

提示 》物を大切にできない人は、□も大切にできない。

　□に入る言葉、もう分かりましたね？

　正解は、人　が入ります。
確かにそうだと思った人？ 挙手 》

　なぜ物を大切にすることが人を大切にすることにつながるのかな？ 指名 》
なるほど。物との接し方は、人との接し方とつながっているようですね。

提示 》物を大切にできる人は、人を大切にできる。

　みなさんは、物も人も大切にできる人になってください。そのために、まずは物を大切にすることから意識してみましょう。人を大切にできる人に成長していきます。すると、あなた自身が人から大切にされる人になれます。

提示 》人を大切にできる人は、人から大切にされる人になる。

『とっておきの話』を生み出す5つの力

探す力 （小技⑨）	ふと思い浮かんだ自分の言葉が素材になることは往々にしてあります。それは探せば既に誰かが言った言葉なのかもしれません。それでも、他でもないあなたの頭の中であなたが生み出した言葉です。
創る力 （小技⑩）	子どもたちと一緒に考えるというスタンスを前面に出して話を構成するのも良いでしょう。特に指名によって出てくる意見は予想できないからこそ面白いです。
見せる力 （小技⑤）	子どもたちの思考の助けになるような具体的な言葉を少しずつ見せながら話すことで、先生と一緒に考えてみようという気持ちを高めます。
話す力 （小技②）	指名によって出てきた意見は肯定的に反応を返しましょう。意見を言って良かったと思えた子どもは、また別の機会でも言いたいと思うことができます。
つなぐ力 （小技②）	子どもたちが物を大切にしている姿を見つけたら、写真に撮ってみてはいかがでしょうか。学級通信に載せ、「この子たちは人も大切にできる人に育っていますね」と価値づけて紹介しても良いでしょう。

恩送りとペイフォワード

素材 映画「ペイフォワード」

ポイント 恩返しを知っている子は多くいますが、恩送りという考え方も伝えたいです。恩返しと比べて、大勢の人のために動く心が育っていきます。みんなでやれば世界中を幸せにするような大きな力を発揮するのです。

対応する内容項目 親切、思いやり

板書 》 恩返し

　恩返しという言葉の意味は知っていますか？

　相手に何かしてもらった時に、自分がその相手にお礼で何かをしてあげることです。恩返しをしたことがある人？ 挙手 》

　では、この言葉は知っていますか？

板書 》 恩送り

　おんおくりと読みます。恩返しと似ているけど、意味はちがいます。

　どんな意味だか想像できる人、いますか？ 指名 》

　これは、相手に何かしてもらった後、他のだれかのためになることをまたしていくという意味です。恩を送っていくのです。恩返しは２人だけで終わってしまいますが、恩送りはいろんな人へと恩が送られていきます。

提示 》 恩返しと恩送りの図解

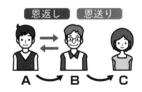

板書 》 ペイフォワード

　今日はそんな恩送りのよさを教えてくれる「ペイフォワード」という映画を紹介します。主人公は、世界中の人が幸せになる方法を小学生の時に思いつきます。

なんだかわかりますか？　ヒントは、先程紹介した恩送りを使います。
それは、こんな方法でした。

提示 》》

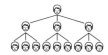

　まず、ある人がだれか3人が喜ぶようなことをしてあげる。その後、してもらった3人が、それぞれまた別の3人が喜ぶようなことをしてあげる。これを繰り返していけば、いつかは世界中の人が喜ぶようなことをしてもらうことになるということです。

演出 》》**実際に繰り返すと何人を幸せにできるか計算してみせる**

　恩返しだけでなく、恩送りもできるすてきな人になってみてくださいね。一人一人が意識すれば、ペイフォワードのように、もしかしたらこの教室から世界中の人を幸せにすることもできるかもしれませんね。

『とっておきの話』を生み出す5つの力

探す力 （小技⑤）	「恩送り」の話と「ペイフォワード」の話は、元々は別の説話でした。あえて2つの説話をまとめて1つの話にすることで、素材の魅力が高まります。
創る力 （小技⑤）	元々別の独立した説話を1つにするため、話が長くなり過ぎないように言葉の数に気を遣いました。言わなくても伝わる言葉を意識して省きます。
見せる力 （小技③）	恩送りやペイフォワードの考え方は聞いただけでは難解な部分もあるため、図解して分かりやすく見せます。
話す力 （小技⑧）	さらに省ける言葉があれば臨機応変に省きながら話します。例えば、「恩返し」の意味を既に知っている場合は補足説明をしません。
つなぐ力 （小技④）	実際に世界中の人を幸せにできるのか、ペイフォワードと同じやり方で恩送りをみんなで一緒に楽しんでみてはいかがでしょうか。

41

感謝の伝え方について視野を広げる

ありがとうを重ねる

素材 担任している児童の姿から

ポイント 「ありがとう」に関する説話は巷に溢れています。それでも、まだあまり触れられていない側面もあります。この話は、ありがとうを重ねるという新しい視点を提示することで、伝え方についての視野を広げます。

対応する内容項目 感謝

板書 》》ありがとう

ありがとうという言葉を言ったことのない人はいませんよね。
みなさんは、ありがとうを言える人たちですか？ 挙手 》》
なんて質問したら、きっと全員が手をあげることでしょう。
では、質問を変えます。

板書 》》ありがとうを重ねる

みなさんは、ありがとうを重ねることのできる人たちですか？

例えば、けがをした時に助けてくれた友達に「ありがとう」と言いますよね。
では、保健室から帰ってきてから、もう一度その友達に「あの時はありがとう」と言ったことのある人はいますか？ 挙手 》》

例えば、学校から帰った後、友達の家で楽しく遊びました。「ありがとう」と言いますよね。
では、次の日友達に学校で会った時、「昨日はありがとう」と言ったことのある人はいますか？ 挙手 》》

どちらも意外と少ないのではないでしょうか。

ありがとうを重ねるとは、こういう意味です。

その場では「ありがとう」と言える人も、過ぎ去ってしまった後に振り返って「あの時はありがとう」と言える人は少ないものです。

斉読 》ありがとうを重ねる

ありがとうを重ねることのできる人は、もっと、ずっと、仲良くなるためのチャンスを手にできる人たちです。さまざまな場面でそのチャンスは転がっています。

これからありがとうを重ねるチャンスをつかめた人は、先生に教えてください。

『とっておきの話』を生み出す5つの力

探す力（小技⑧）	その場だけでなく、後になってもう一度「ありがとう」を伝えている子どもの姿に出会い、「ありがとうを重ねる」という言葉が浮かんできました。
創る力（小技⑦）	はじめに全員が挙手できそうな問いかけをした上で意外な問いかけをすることで、「どういう意味だろう？」と考えたくなるようにします。こうして対比が生じる工夫を凝らします。
見せる力（小技②）	「重ねる」の板書を色分けしても良いでしょう。板書にも魅せる工夫ができます。黄色の文字にしても良いですし、赤色で線を引いても良いです。どのように見せ、いかに魅せるかを考えます。
話す力（小技④）	子どもたちにとって初めて出合うであろう問いかけをした後は、具体例の提示の前にしばらく間をおいてから話します。
つなぐ力（小技②）	ありがとうを重ねる子が現れたら全体に紹介しましょう。身近な具体例が集まれば集まるほど、自分もやってみようという気持ちが高まります。

42

感謝の気持ちを伝える場面を考える

ありがとう込み　＋THANKS

[素材] 2021 年 3 月 3 日　朝日新聞掲載　ユニクロ広告

[ポイント]　ありとあらゆる場面において感謝の気持ちを伝えるチャンスは眠っています。どこにチャンスがあるのかを知るためには、自分が思ってもみなかったところで感謝を伝えられる体験をすることが大切です。今回の説話を通して、思わぬところの感謝の形を知り、今後に生かしてほしいです。

[対応する内容項目] 感謝

[提示]》＋税の表示がされた値札の画像

¥1,990 ＋税

みなさんも見たことがある値札。

　実は 2021 年 4 月から、法律が変わったことでここの「＋税」という表示がなくなり、消費税を入れた金額が表示されるようになりました。（消費税表示に関する特別措置法の終了）

　値札には消費税込みの値段を表示してくださいということです。

　しかし、ある日ユニクロに行ったら、こんな値札を見つけました。

[提示]》「値段＋」までを表示

2000150298805

¥1,990＋

　＋税　という表示はなくなったはずなのに、「＋」と書かれています。

　実は、この＋の後に続くのは消費税ではありません。何だと思いますか？

提示 》》

2000150298805

¥1,990 +THANKS

正解は、「＋THANKS」です。つまり、ありがとう込みの値段という訳です。

お店の人は、お客さんに「ありがとう」の気もちを込めて商品の値段を決めているのかもしれませんね。

　　いつもお店に来てくれてありがとう。

　　商品を買ってくれてありがとう。

　　買った商品を大切に使ってくれてありがとう。

こんな気持ちが込められていることでしょう。

提示 》》 ありがとう込みの○○　＋THANKS

　○の中に、値段以外のものも入る気がしませんか？　合言葉は「＋THANKS」です。見つけられる人は、感謝の気持ちを伝えられる場面が増えていきますね。

『とっておきの話』を生み出す5つの力

探す力 （小技③）	当時、消費税表示の変更は世間でのタイムリーな話題でした。時事ニュースにアンテナ高くいると、素材を見つけるチャンスが増えます。
創る力 （小技⑤）	広告の中でも「＋THANKS」という表示のみを素材として抜き出しました。説話のねらいに合わない情報は省くようにしています。
見せる力 （小技⑥）	先に「＋税」となるはずだという前提条件を揃えた上で、＋の先を隠して見せます。同じ条件の下でどんな言葉が続くのかを考えられるようにします。
話す力 （小技⑧）	消費税の説明があまり長くなり過ぎないように話します。注目してほしい場面ほど時間をかけて話せるように時間配分を考えて話します。
つなぐ力 （小技③）	値段以外にも、「＋THANKS」できる場面を子どもたちと一緒に考えてみましょう。思わぬところから感謝の気持ちを伝えられるかもしれません。

感謝が生まれる場面を知る

新しいありがとうを作る方法

素材 2021 年 3 月 30 日　朝日新聞掲載　ヤマト運輸広告ポスター

ポイント 感謝の気持ちは、身近なことから新しく生まれることもあります。当たり前だと思っていた方法を見直し、改善することでさらに感謝の輪を広げていく心を育て、その過程も楽しめる子になってほしいです。

対応する内容項目 感謝

提示 》》（次の言葉を「ありがとう」の部分を隠して提示）

> 新しい運び方をつくることは、
> 新しい□□□□をつくること。
> そう信じて。

　隠れている言葉は何でしょう？　ヒント、これは、ある運送会社さんの広告ポスターに書いてあった言葉です。

学年に応じて「運送会社」の意味を説明しましょう

　正解は……

提示 》》

> 新しい運び方をつくることは、
> 新しいありがとうをつくること。
> そう信じて。

「ありがとう」です。

　この運送会社さんは、運び方を新しく変えることで、新しいありがとうをつくることができるとアピールしているんですね。
　わかりやすく言うと、お客さんにとってもっと良い方法はないかを考え、その方

法を新しく試してみることで、さらにお客さんから感謝されるようになるという訳です。

では、みなさんに聞きます。

板書》》新しいありがとうをつくる方法

あなたたちにもできる、新しいありがとうをつくる方法はありませんか？

例えば、配り係さんが配り方をもっと思いやりのあるものに変えると、新しいありがとうをつくれるかもしれません。他の係の仕事も、やり方を変えることで同じようにつくれませんか？

考えてみると、新しいありがとうをつくる方法はもっといろいろと出てくるかもしれませんね。

『とっておきの話』を生み出す５つの力

探す力（小技③）	広告ポスターは隅から隅まで見るようにしています。たとえ全体から見たらほんの一部の言葉でも、興味が惹かれたら抜き出して素材にするチャンスです。
創る力（小技⑥）	「運び方」という言葉を「〇〇方」として考えることで、「新しいありがとうを作る方法」についていくつか具体例を考えられると思いました。
見せる力（小技⑥）	隠して見せることで、「新しい」と「ありがとう」の一見つながらなさそうな言葉がつながる瞬間の驚きを演出しています。
話す力（小技⑧）	補足説明をする際は、そこに余計な時間を取られないよう端的に説明するようにします。補足と時間配分のバランスを考えます。
つなぐ力（小技③）	説話後に指名し、子どもたちから出てきた「新しいありがとう」を板書し、写真に撮って掲示しましょう。時期を見て、「あれから新しいありがとうはつくれたかな？」と振り返られる声かけをしてみてください。

先生は○○ではありません

素材 当時担任していた特別支援学級の子どもたちの様子を見て

ポイント 先生との距離感や接し方を理解していない子がいます。大人に対しての言動について考えることは、礼儀にもつながります。しかし、説教臭くならないよう、笑える話として楽しく話してみてはいかがでしょうか。

対応する内容項目 礼儀

提示》先生は○○ではありません

○○の中には何が入るでしょう? 指名》

今から5つの○○を紹介します。いくよ!

提示》トイレの画像

① 先生はトイレではありません!

先生、トイレ。ではなく、トイレに行って来ていいですか?　と言いましょう。

提示》お茶の画像

② 先生はお茶ではありません!

先生、お茶。ではなく、お茶を飲んでもいいですか?　と言いましょう。

提示》召使いの画像

③ 先生は召使いではありません!

～とって。～もってきて。ではなく、～してください。と言いましょう。

提示》魔法使いの画像

④ 先生は魔法使いではありません!

～して。～したい。がいつも叶うとは限りません。

提示》友達の画像

⑤ 先生は友達ではありません

いつも一緒に遊ぶ、は友達と。先生に依存しない子になってください。

学年に応じて「依存」の意味を説明しましょう

提示》先生は○○です

最後に、3つの「先生は○○です」を紹介します。

1つ目。先生はこれから出会うたくさんの大人のうちの一人です。
あなたたちは毎日、目上の人と接する練習をしているのです。

2つ目。先生は人間です。「ありがとうございます」「ごめんなさい」など、返事やあいさつをもらえると嬉しい気持ちになります。逆に、嫌なことを言われたりされたりすると悲しい気持ちになります。

3つ目。先生はあなたたちのことが大好きです。時には厳しい時もあるでしょう。でもそれは、あなたたちのことを想っているからこそです。

これからも先生との接し方を考えていきましょう。

『とっておきの話』を生み出す5つの力

探す力（小技⑧）　子どもたちの様子はタイムリーに素材となることがあります。閃いたらすぐ実践してみてください。聞き手の実態に合った話になるはずです。

創る力（小技⑦）　「先生は○○ではありません」との対比で「先生は○○です」の部分には子どもたちへの愛情を込めます。強弱や抑揚のある話の構成にしています。

見せる力（小技①）　トイレの画像から見せることで笑いを引き出します。笑いは時として聞き手の関心を高めるきっかけとなります。

話す力（小技⑨）　○○ではありません！　の部分は漫才でツッコミを入れるように話します。画像の提示とツッコミの言葉をリズミカルに繰り返し刻むことで話のテンポを生み出し、楽しい雰囲気をつくります。

つなぐ力（小技⑥）　説話後も間違った言動をした子に対しての指導において、時には説話とつなげてツッコミを入れても良いでしょう。子どもとの信頼関係づくりにおいて楽しくコミュニケーションすることは大切です。

45

大人との関係性も大切にする

大人を育てる

素材 オリジナル

ポイント 学校生活での営みは、子ども同士の関係性だけで生まれるものではありません。そこには必ず大人との関係性があるのです。それは先生だったり家族だったり地域の人だったりします。これらの大人との関係性を大切にすることは、礼儀の心を育むことにもつながります。

対応する内容項目 礼儀

板書》》大人
大人と聞いて、みなさんは誰を思い浮かべますか？ 指名》》

板書》》先生、家族、地域の人

　学校生活をしていく上で、大人との関係を大切に意識すると良いことがあります。何だと思いますか？ 指名》》
提示》》

① 教えてもらえる
② 助けてもらえる
③ 育ててもらえる

　大人との関係を大切にすると、知りたいことを教えてもらえます。大人はみなさんからして人生の先輩ですからね。また、困ったら助けてもらえます。みなさんよりも経験のある大人はピンチの脱け出し方を多く知っていますからね。そして、育ててもらえます。なぜなら、大人も子どもの頃は大人に育ててもらっていたからです。これを命のバトンとも言います。
板書》》大人を育てる
　この中でも、3つ目の育ててもらえるというのは逆もあるのです。子どもが大人

を育てることができるのです。そんなはずないと思う人？ 挙手≫

　いますね。でもね、もうあなたたちも既に大人を育てています。今目の前にしている先生は、子どもたちの前に立っただけでは先生になれないのです。みなさんと出会い、みなさんが先生として関わってくれるから先生になれるのです。それと同じように、お母さんやお父さんは子どもを産んで自動的になる訳ではないのです。子どものみなさんがお母さんやお父さんに育ててきたのです。

板書 ≫礼儀 ＜ 学年に応じて「礼儀」の意味を説明しましょう

　ここで大事になるのが、礼儀をもって大人と関わるということです。
これが一番大人を育てることにつながります。礼儀をもって関わった子どもに育ててもらった大人は、その子を一生懸命育てようと思います。そうやってあなたを支え続ける先生やお母さん、お父さんになっていくのです。
　あなたはどんな大人と関わりたいですか？　良い大人と関わりたいのなら、礼儀をもって周りの大人を育ててみてください。大人も子どもと同じように成長し続ける生き物です。どちらも人間ですから。

『とっておきの話』を生み出す5つの力

探す力（小技⑨）　教員という仕事は子どもを育てる仕事ですが、逆もあるのではないかとふと考えたことがありました。子どもたちのおかげで先生でいられるという視点をそのまま素材にしたいと考え、説話を創ってみました。

創る力（小技②）　導入で大人のイメージをまず膨らませた上で、「大人を育てる」という新たな視点について考えていくように話の流れを考えて創りました。

見せる力（小技②）　キーワードとなる「大人を育てる」は大きめに板書します。どの言葉に注目させたいかを意識し、板書を工夫して強調します。

話す力（小技⑦）　教師からの一人語りがベースとなって話す場合は、適宜指名や挙手を促し、聞き手が話に付いてきているか確認しながら話します。

つなぐ力（小技⑦）　「今、先生はみんなに育ててもらったよ」という声かけがあっても良いと思うのです。子どもも先生も一緒になって成長する感覚で学級経営に生かしてみてはどうでしょう？

46

親しき仲の礼儀を知る

おもてなしと経験泥棒

素材 「セブンルール」2021年2月16日放送　野間和香奈
（湖池屋マーケティング部）

ポイント 子どもたちの人間関係が形成されてくると、慣れによって関わり方や言動が雑になってくる子が出てきます。そうしたタイミングを見計らって「親しき仲にも礼儀あり」の精神を伝えておくと、良好な人間関係を保つことができます。学校生活に慣れてくる時期におすすめです。

対応する内容項目 礼儀

提示 》親しき仲にも礼儀あり

何と読むでしょう。 指名 》
「したしきなかにもれいぎあり」と読みます。
意味が分かる人？ 挙手 》
　親しい仲の友達であっても、礼儀は忘れないという意味ですね。今日は親しき仲だからこそ忘れたくない2つの礼儀を紹介します。

板書 》〇〇〇なし

1つ目の礼儀はこちらです。〇の中には何が入るでしょう。
正解は……

板書 》おもてなし

　「おもてなし」です。親しい仲の友達のことを時にはお客さんだと思ってもてなすように接してみてはどうでしょう。普段とは違う立場で考えることで、相手がどんなことをされたら嬉しいのかがよく分かるようになります。

板書》》〇〇泥棒をしない

　２つ目の礼儀はこちらです。〇の中には何が入るでしょう。
正解は……

板書》》経験泥棒をしない

　「経験泥棒をしない」です。親しいからこそ、相手のことを思って何でもかんでも手を差し伸べてしまいがちになりますよね。でもそれは、相手が経験するはずだったことを泥棒しているのと同じことなのです。結局、相手のためにならないのです。助け合いは大切ですが、親しいからこそ、自分の行いが本当に相手のためになるのかどうかを考えて助け合いたいですね。

　時にはおもてなしの心を大切にしながら、経験泥棒をしないように気を付けていきましょう。それが「親しき仲にも礼儀あり」という状態です。大人を相手にする時だけでなく、親しい友達や家族にも礼儀を意識してみましょう。

『とっておきの話』を生み出す５つの力

探す力 （小技③）	テレビを観ていたら、「部下のためにと思ってやったことが部下の経験を泥棒していたと気付いた」という話に出合いました。これは上司と部下の関係だけでなく、子ども同士の関係にも言えると思いました。
創る力 （小技④）	「経験泥棒」の考え方だけをクローズアップするのではなく、「おもてなし」と合わせて「親しき中にも礼儀あり」に集約されるような話の構成を意識しました。
見せる力 （小技⑥）	言葉の一部分を文字数分〇にすることで考えやすくし、隠して見せることで興味を惹きます。
話す力 （小技⑧）	あらかじめいくつ紹介するかナンバリングして伝えることで、集中して話を聴けるようにします。その際、多くても３つ程度にポイントを端的にまとめます。
つなぐ力 （小技⑧）	具体的なシーンを想定し、ペアや班の子同士で礼儀を尽くす練習の時間を取り入れてみてはいかがでしょうか。

47

仲間について考える

群れと仲間のちがい

素材 「群」という漢字、マンガ『ONE PIECE』

ポイント 学級づくりにおいて、人間関係の形成は必須項目と言えるでしょう。そこで、学級開きをして間もない時期に「仲間」について考える説話はいかがでしょうか。「仲間」の定義を共有することで、その後の仲間を大切にする行動に結びつきやすくなり、集団として成長するきっかけとなります。

対応する内容項目 友情、信頼

板書 》 群れ

むれ、と読みます。この言葉の意味を知っていますか？
漢字の中に、羊という字が入っていますね。群れとは、こんなイメージです。

提示 》 羊が密集している写真

ただ集まっている。同じように集まっている。決められた場所に集まっている。そんなイメージです。

板書 》 仲間

群れからさらにレベルが上がると、仲間になります。
先生は、『ONE PIECE』というマンガが好きですが、彼らはまさに仲間のイメージです。

提示 》》 それぞれ役割をもって仲間のためにはたらいている絵

　ONE PIECEを知らない人も、それぞれが、それぞれの役割をもって仲間のためにはたらく。仲間に支えられる。それが仲間だとわかる絵ですよね。このように、仲間とは一人一人の良さが光る時に言う言葉です。

　4月最初のみなさんは、まだ群れです。仲間にレベルアップできるかどうか、試されていますよ。

『とっておきの話』を生み出す5つの力

探す力 （小技③）	ONE PIECEはまさに理想の「仲間」像の具現化です。マンガやアニメはただのエンターテインメントの媒体だけではなく、目指す理想像を具現化する教育的な説話の素材にもなります。
創る力 （小技③）	群れ➡仲間という順番で話すことにより、自分たちの今の状況から未来の理想像に向けて分かりやすくイメージできるようにしました。
見せる力 （小技①）	羊の写真は「群れ」のイメージが具現化しやすいものを選んでいます。ONE PIECEの画像も含め、"絵で魅せる"工夫を凝らしています。
話す力 （小技⑩）	最後に「試されていますよ」と呼びかけて終えることで、その後子どもたちが前向きに自分事として考えて行動することを促しています。
つなぐ力 （小技⑩）	学級目標に「仲間」の項目を入れ込み、掲示します。今回の説話と照らし合わせながら、仲間を大切にしている姿を見かけたら「まさに今、仲間としてみんなが成長しているね」と認めていきます。

チームで一丸となる

スーパーチームです

素材 2021 年 8 月東京オリンピック　日本女子バスケチーム
　　　　　　　　　ホーバスヘッドコーチのインタビュー

ポイント　学級経営において、一致団結してチームとして力を合わせる場面
は大切に扱いたいです。一部のスーパースターを生むよりも、みんなでスー
パーチームに育っていけるようなスタンスでいたいです。

対応する内容項目 友情、信頼

提示 》 **ホーバスヘッドコーチ　の写真**

　2021 年東京オリンピックで日本女子バスケチームは銀メダルという快挙を達成
しました。日本人はバスケの世界では勝てないと言われていた時代をひっくり返す
出来事でした。その時、チームのヘッドコーチをしていたのがホーバスさんです。

　ホーバスさんは、オリンピックの試合終了後のインタビューで、こんな言葉を残
しています。

提示 》 **日本にはスーパースターはいないが　　　　　です**

　空欄の中には、どんな言葉が入るでしょう？
　正解は、「スーパーチーム」です。

板書 》 **スーパースターはいないがスーパーチームです**

　一人一人を見ると、スーパースターと呼べるような選手はいない。しかし、日本
はチームとしては世界一だと評価したのです。

提示》 日本代表選手の集合写真

　その言葉通り、日本女子バスケチームはまさにチームワークを大切にしたプレーの連続でした。

　この学級も、一人一人の力はスーパースターと呼べるほどの大きな力は無いかもしれません。しかし、チームワークを発揮し、一致団結することでスーパーチームにはなれるはずです。
　みんなで力を合わせて、スーパーチームを作っていきましょう。

『とっておきの話』を生み出す5つの力

探す力（小技⑥）	幼い頃からバスケが大好きでした。オリンピックの試合観戦が終わった後のインタビューから素敵な言葉を得て、素材としました。
創る力（小技④）	日本代表選手の「スーパーチーム」ぶりを裏付ける試合を観た自分だからこそ、熱をもって話せると思いました。裏付ける事実をもとに説話を創りたいです。
見せる力（小技②）	「スーパースターはいないがスーパーチームです」の板書は前半部分の「スーパースターはいないが」と後半部分の「スーパーチームです」で書く速度を変えます。特に見せたい言葉は時間をかけて見せます。
話す力（小技⑤）	オリンピック選手と聞くと一部の優れた人に感じるかもしれませんが、最後に「自分たちの学級もなれるはず」と前向きに呼びかけることで意欲を高めます。
つなぐ力（小技①）	チームワークを感じられる場面に出合ったら「この学級もスーパーチームになってきたね」と価値づけして声を掛けてみてはどうでしょう。

49

クラスメイトとの信頼関係を大切にする

全員そろってベストなクラス

[素材] 「天声人語　2015年7月―12月」
朝日新聞論説委員室／朝日新聞社　10・5

[ポイント] 全員出席に価値を置くことは、全員そろうことに価値を置くことと同義です。毎日、一人一人の体調が違い、日によっては欠席が出る日もあります。当たり前ではない「全員そろう」ことに価値を置く視点を与えることで、クラスメイトとの信頼関係を大切にするきっかけとします。

[対応する内容項目] 友情、信頼

[板書] ≫全員出席

　朝の健康観察が終わった後、全員出席だと分かると嬉しくなります。

　クラス全員の子が学校に出席している。これって、決して当たり前ではないのですよ。世の中には、いろんな理由で学校を休む子がいます。学校に通えない子もいます。全員そろうというのは、当たり前のようで奇跡なんです。

[提示] ≫アメリカンフットボールの写真

　アメリカンフットボールという11人で試合をするスポーツがあります。そのスポーツの世界で有名な選手だったコーチが、こんなことを言っています。

[提示] ≫

　「私は11人のベストな選手とではなく、11人でベストとなるチームでプレーしているのだ」

板書 ≫ ○人でベスト

　私たちのクラスは全員そろって○人です。○人みんながベストな状態ってなかなか無いですよね。でも、○人そろってベストな状態をつくり出すことはできる。でも、一人でも欠けたらそれはできません。○人でベストとは、○人そろうことがまず大切なんです。

> 学級の人数に応じて○の中に数字を当てはめましょう。

　全員そろうことに喜びを感じられるステキな人になってくださいね。

『とっておきの話』を生み出す5つの力

探す力 （小技②）	印象的な言葉が新聞に載っている時、その言葉を転用しながら学級や子ども向けに話せないかを考えます。今回の素材は、数字を変えるだけで転用できます。
創る力 （小技⑥）	「全員そろってベスト」とストレートに表現するのではなく、「○人でベスト」と素材に関連させて表現することで、全員そろうことの価値づけができます。
見せる力 （小技①）	アメリカンフットボールのように、子どもによっては知らない競技名が出てくる場合は写真を見せます。聞く側が話に変な引っ掛かりを感じない工夫です。
話す力 （小技⑨）	「当たり前でなはない」「一人でも欠けたらそれはできません」等、「○人でベスト」というキーワードを支える言葉は特に強調して話します。
つなぐ力 （小技③）	全員出席した日は、朝の健康観察の時間にみんなで喜び合う時間を作ってみてはいかがでしょうか。拍手でも良いし、合言葉をみんなで言っても良いでしょう。

50

仲間との絆の大切さについて考える

先生がペンギンを好きな理由

素材 自分の好きな動物

ポイント 学級開きは教員の自己開示とともにクラスづくりの方向性を示しましょう。『ファーストペンギン』と呼ばれるペンギンの生態からは、個の勇気や集団の助け合いの大切さを学ぶことができます。

対応する内容項目 友情、信頼

先生には、大好きな動物がいます。何だと思いますか?

この動物です。提示≫ペンギンの写真

なぜ好きかというと、ペンギンの世界にはとっておきのお話があるからです。聞きたいですか。

ペンギンには、海になかなか飛び込めずにみんなで立ち止まる習性があります。提示≫集団で立ち止まるペンギンの写真

海にはエサだけでなく、ペンギンにとっての天敵もいるからです。しかし、その中でも最初に飛び込んだペンギンを「ファーストペンギン」と言います。

提示≫ファーストペンギンの写真　板書≫ファーストペンギン

〈学年に応じて「天敵」の意味を説明しましょう〉

ファーストペンギンが飛び込むと、なんとその後は次々と残りのペンギンが飛び込みます。これもペンギンの習性です。

さて、このファーストペンギンとその後に飛び込んだペンギン、同じでしょうか?

みなさんもファーストペンギンのように、勇気やチャレンジ精神をもって「最初の一人」になれるといいですね。板書≫最初の一人

そもそも、どうしてファーストペンギンは海に飛び込めたのでしょう?

それは、安心してもどってこれる居場所があるからです。

提示≫≫ 吹雪の中温め合うペンギンの写真

　これはどのような様子か分かりますか？　吹雪の時は、どのペンギンも温かくなるように、場所を交代しながら温め合います。このようにペンギンは「助け合う動物」と呼ばれています。だからこそ、安心してもどってこれる居場所ができるのです。

　実はファーストペンギンとなるペンギン、いつも違うペンギンがなるそうです。一羽一羽がが安心して新しいチャレンジができる。それがペンギンなのです。

提示≫≫

| A　ペンギンたちのように助け合えず、チャレンジもしないさみしい学級 |
| B　ペンギンたちに負けずにみんなで助け合い、チャレンジできる学級 |

　AとB、みなさんはこれからどちらの学級にしていきたいですか？　挙手≫≫

　先生は、大好きなペンギンのように、みんなで助け合い、みんなでチャレンジできるステキな学級をつくりたいと思っています。

　まだ出会ったばかりの先生の話を真剣に聴いてくれたみんなとなら、きっとつくれると信じています。

『とっておきの話』を生み出す５つの力

探す力 （小技⑥）	素材探しの第一歩は、自分の好きな物を深く見つめ直すことから始めてみましょう。『とっておきの話』になる素材が見つかるはずです。
創る力 （小技④）	ただ自分の好きなものを思い浮かべるだけで終わらず、掘り下げてそこから何か学べるものがないかを考えましょう。
見せる力 （小技⑨）	キーワードは板書し、聞き手の視覚に訴えます。目で見た情報ほど記憶に残りやすいからです。
話す力 （小技④）	提示の前に間をおいてから話を進めることで、聞き手の興味をひきつけます。
つなぐ力 （小技②）	学級通信の第１号に同じ内容を掲載し、子どもたちが聞いている様子や反応とともに自分の教育観を綴ることで、保護者との関係づくりの起点にもなります。

51

息を合わせて動く関係をつくる

サインフレンド

素材 オリジナル

ポイント 言わなくても理解し合っていることを増やすと、子ども同士の人間
関係の形成はより円滑に進みます。「声を出し合う」関係性から「息を合
わせる」関係性へのレベルアップを図ってタイミングを見て話します。

対応する内容項目 友情、信頼

板書》》阿吽の呼吸

何と読むでしょう。　「あうんのこきゅう」と読みます。
「阿」は口を開き発する声なので息を吐くこと。
「吽」は口を閉じ発する声なので息を吸うこと。
つまり、「阿吽の呼吸」とは「息を合わせる」という意味です。

板書》》息を合わせる

みなさんにとって、特にこの人とは息がぴったり合うなあという友達はいますか?

板書》》サインフレンド

サインは英語で「仕草、合図」、フレンドは英語で「友達」という意味です。
小さな仕草や合図だけで息がぴったり合う友達を「サインフレンド」と言います。

「サインフレンド」の関係を続けていると、友達がだんだんと親しい友達へと変化
していきます。それを「親友」と呼びます。

板書 ≫ 親友

　いきなり「親友」の関係を目指すのは難しいでしょう。

しかし、「サインフレンド」の関係なら、身近な友達から作っていくことができます。

それは、まだ友達ではない新しく出合ったクラスの仲間とも、そんな関係が築けるはずです。

　試しにみんなで一緒に息がぴったり合うサインをしてみましょう。

演出 ≫ （以下のように、同じポーズをするレクを取り入れる）

① 「先生と同じポーズをしてみてください」と言ってみんなでやる
② 「○○くんと同じポーズをしてみてください」と言って子ども同士でやる

『とっておきの話』を生み出す5つの力

探す力 （小技⑨）	「阿吽の呼吸」よりも子どもたちにとって馴染みのある言葉は無いか探していたところ、「サインフレンド」という造語を思いつきました。
創る力 （小技①）	「親友」という子どもたちにとって目指してみたいと思う言葉を置くことで、「サインフレンド」の関係づくりへの関心を高めます。明確なゴールがあると子どもの心に火が付きます。
見せる力 （小技③）	板書する言葉が複数ある場合、キーワードとなる言葉を1つだけ大きく板書します。特にどんな言葉を覚えておいてほしいかを焦点化して明確に示すようにします。
話す力 （小技②）	同じポーズをする演出をしている間、「息が合ってきました」「これでみんなはサインフレンドになってきました」といった声かけをしてみましょう。
つなぐ力 （小技①）	当番活動や係活動の仕事をしている場面でステキな連携プレーをしている姿を見つけたら「サインフレンド」という言葉を使って価値づけるチャンスです。

52

相手との関係性を考える

間言葉（あいだことば）

素材 「子どもたちが身を乗り出して聞く　道徳の話」平光雄／致知出版社

ポイント 人は関係性に様々な名前を付けます。たとえば「友達」「親友」「仲間」「家族」等が挙げられますが、もっとたくさんの関係性が存在するはずです。「この人とだからこの関係性」というのを意識することで、自分の周りにいる人との人間関係について見つめ直すきっかけになります。

対応する内容項目 友情、信頼

板書 》友達

目を閉じて、あなたにとって一番の友達を思い浮かべてみてください。
板書 》

思い浮かべたら、あなたとその友達の間に、○をかきましょう。

目を開けてください。こんな感じです。
板書 》

　では、この○の中に入る言葉を考えてみましょう。例えば先生だったら、一番の友達との間に入る言葉は、「助け合い」です。

板書》》

い出も、助けてもらった思い出もあるからです。みなさん
入れましたか？

に思い浮かぶ言葉を「間言葉（あいだことば）」と言います。
「なまける」「さぼる」「めんどくさい」「苦手」「嫌い」というマイ
る人は、本当の友達とは言えないかもしれません。どちらも
を入れられる関係が、ステキな関係と言えます。
族や先生でもいいですよ。一人思い浮かべて間言葉を考え
が今どんな関係なのかがわかりますよ。

ておきの話』を生み出す5つの力

から図解のヒントを得て、自分なりに言語化した結果、「間言
う造語をつくりました。

ルステップの提示によって「自分だったらどうするかな？」と思
な話の流れを心掛けます。

ちにとって分かりやすい図解は、板書によってゆっくりと見せ
図解が出来上がっていく過程を見せることで理解が深まります。

じて考える演出を取り入れることで、集中して考えることがで
心を高めたりすることができます。

同士でペアになって間言葉を考え、伝え合う活動をクラスのみ
一緒に体験する時間を設けます。

53

どんな自分を見せるかを考える

自分身を使い分ける

素材 オリジナル

ポイント 相手や時、場所に合わせて自分の言動を変えていくことは、信頼関係を築く上で大切なことです。自分は一人ですが、言動を意識したり振り返ったりする自分はたくさんいるのです。自分の言動を改善しながら、人と関わり、信頼関係を構築していく人に育ってほしいです。

対応する内容項目 友情、信頼

板書 》》自分

　何と読みますか。わかる人みんなで読みましょう。 斉読 》》自分ですね。突然変なことを聞くかもしれませんが、自分は世界で何人いると思いますか?

板書 》》自分は一人

　たった一人ですよね。当たり前だと思ったみなさんにこんな言葉も教えます。

板書 》》自分身

　何と読むと思いますか。これは、「じぶんしん」と読みます。
どんな意味の言葉だと思いますか? 指名 》》
　自分身とは、自分の分身という意味です。世界に自分は一人しかいませんが、自分の中にいる自分の分身は……実はたくさんいるのです。

板書 》》自分身＝自分の分身　は、たくさんいる。
提示 》》

A　家族と過ごしている時の自分
B　友達と過ごしている時の自分
C　先生と過ごしている時の自分

例えば、誰と過ごしているかが変わるだけで、自分身は変わります。家族、友達、先生、それぞれ自分の言葉遣いや行動が変わりませんか？

> 学年に応じて、必要であればさらに具体例を挙げて説明しましょう

他にも、「いつ」「どこで」が変わるだけでも、自分身は変わります。
みなさんは自分身、何人いるでしょうか。

板書》》自分身を使い分ける

大切なのは、自分身を相手や時、場所によって使い分けることです。
自分身を意識すると、相手から信頼されやすい人になれます。

さぁ、今は先生が前に立って話している教室での時間です。どの自分身を意識したらいいかわかるかな？

板書》》分身！

みんなで分身！　と言って、意識した自分身を見せてください。いくよ〜

斉読》》分身！

『とっておきの話』を生み出す5つの力

探す力 (小技⑨)	「自分身」という言葉は造語です。考え方が伝わるのなら、他の言葉でも同じように説話の素材となるでしょう。
創る力 (小技⑩)	抽象度の高い話なので、最後に「自分身」を意識できるような呼びかけや斉読の時間を付け加えました。分身ポーズをする演出も楽しくなると思います。
見せる力 (小技⑦)	見慣れた「自分」の板書から見せた後に見慣れない「自分身」の板書を見せて対比させることで、既知から未知への驚きを演出しています。
話す力 (小技①)	具体例を話す部分は特に聞き手の反応をよく見ながら話します。話に付いて来ることができない子がいないか確認しながら補足説明の有無を判断します。
つなぐ力 (小技③)	「分身！」を合言葉にして、自分身を意識する機会を臨機応変に設けてみてはいかがでしょうか。相手や時、場所への意識が高まります。

54

心の中にいる人の存在を意識する

心の中で生き続ける人

素材 朝日新聞 2017 年 11 月 2 日夕刊 「素顔のプロたち」 船越園子

ポイント 信頼関係が崩れるような出来事があっても、自分のことを信じ続け
てくれる人はいるものです。そうした自分を心の中にずっといさせてくれるよ
うな人を大切にすることで、崩れた信頼関係を取り戻したり、新たな友情が
芽生えたりします。そんな心の中で生き続ける人を意識できる話です。

対応する内容項目 友情、信頼

　みなさんは、どこで生きていますか？　突然変な質問をされて困りましたか？
　日本で生きている？　〇〇県で生きている？　今ここで生きている？　いろいろ
思ったと思いますが、人が生きている場所は、今そこにいる場所だけではありませ
ん。

板書 ≫ 心の中

　たとえば、みなさんがおうちに帰った後、先生の心の中にはみなさんが生き続
けています。どれだけ離れていても、忘れない限り、心の中にずっといます。先生
の心の中には亡くなったおじいちゃんも生きています。その人がどこにいようが、
亡くなっていようが、忘れなければ、自分の心の中で生き続けることができます。

　ある日の新聞に、アメリカで行われたゴルフのアマチュア選手の大会で優勝した
消防士さんの話が載っていました。その消防士さんは、優勝後のインタビューでこ
んなことを言います。

提示 ≫ 「タイガーウッズの存在があるからこそ、僕はゴルフをしている」

　タイガーウッズ選手と言えば、ゴルフの神様とも呼ばれた世界で有名なゴル

ファーでした。しかし、当時は薬物法違反という罪で警察に捕まったり、不倫をしたりして世間では悪いイメージがついていました。そんな時でも、この消防士さんはタイガーウッズを信頼していました。「タイガーのようなゴルファーになりたい」と努力し続けた消防士さんの心の中には、自分に夢を与えてくれた時のタイガーウッズが生き続けていたのですね。

板書》》心の中で生き続ける人

　みなさんが大人になればなるほど、心の中で生き続ける人は多くなります。でも、その分、忘れ去られていく人も多くなります。将来、あなたはどちらになりたいですか？
　みなさんには、いろんな人の心の中で生き続ける人になってほしいと思います。そこにはステキな友情や信頼関係が生まれているはずです。

『とっておきの話』を生み出す5つの力

探す力 （小技②）	有名人だけでなく、誰もがファンの心の中に生き続けている人でもあると考え、信頼関係が崩れるような時こそ思い出してほしい説話を創ろうと素材にしました。
創る力 （小技①）	「心の中で生き続ける人」の概念は抽象度が高い話です。だからこそ、語り口調でゆっくりと丁寧に話を運ぶようにしています。一方で、子どもの実態に合わせてもう少し言葉の数を減らしても良いでしょう。
見せる力 （小技③）	文量の多い話ほど、見せる言葉の数は必要最小限に焦点化します。話す言葉と見せる言葉の量のバランスはいつも考えています。
話す力 （小技①）	「心の中で生き続ける人」というキーワードの提示まで、子どもたちが話に付いてこれているかどうか反応を見ながら確認して話を進めていきたいです。
つなぐ力 （小技③）	「あなたにとって、今も心の中で生き続ける人は誰ですか？」と問いかけ、子どもたちが自分事として考える時間を設けても良いでしょう。

55

「きく」姿勢を身に付ける

聞く→聴く→訊く

素材 気になって辞書で調べたこと

ポイント 「きく」姿勢の指導はどこの学級でも行われているのではないでしょうか。一方的に教師から子どもに「ききなさい」と言うのではなく、説話をきっかけに自分の「きく」姿勢を振り返られるようになると、子どもたちの「きく」姿勢は早く身に付くことでしょう。

対応する内容項目 相互理解、寛容り

話を聞いているようで、聞いていないなんてこと、みなさんはありませんか？

板書》聞く　提示》聞く姿をイメージしやすい絵

聞くという漢字を見てみると、門がまえがありますよね。

この「聞く」という漢字は、「聞こえてくる」という使い方をよくします。自分の門をくぐりぬけてきて耳に届いたものを聞いている状態です。

この状態ばかり続けていると、門をくぐれなかったものは聞き逃してしまいます。

相手の話を聞く時は、「聴く」を心がけてみましょう

板書》聴く　提示》聴く姿をイメージしやすい絵

聴くの漢字を見てみると、耳だけではなく、「＋」「目」「心」とあります。

目を相手の目と合わせて、心を遣って相手の心につなげて、耳を傾けて聴くのが「聴く」です。「聞く」よりもレベルアップした状態です。

板書》訊く　提示》訊く姿をイメージしやすい絵

さらにレベルアップすると、「訊く」ことができるようになります。

相手との心の距離を縮めるために、質問するという意味です。相手のことを「もっと知りたい！」という気持ちが高まっている状態です。

「きく」と一言で言っても、「聞く」「聴く」「訊く」と3段階あります。

みなさんの「きく」は今どの段階ですか？　「聞く」で止まっていたらもったいないですよ。

| 聞く | 聴く | 訊く |

『とっておきの話』を生み出す5つの力

探す力（小技①）　同じ「きく」という読み方でも、辞書を使うことで「聞く」「聴く」「訊く」の3つの表現と意味が出てくることが分かります。辞書は教師にとっても語彙を広げる重要なツールです。

創る力（小技⑤）　それぞれの「きく」の説明が長くなり過ぎないように、一文一文が短くなるように原稿を書きます。こうすることで、大事な言葉がより伝わりやすくなります。

見せる力（小技①）　言葉と一緒にイメージしやすい絵を提示することで、具体像が明確になり、行動につながりやすくなります。

話す力（小技⑩）　「次の「きく」はどんな漢字を書くと思いますか？」と聞き手の反応を見て問いかけながら話を進めることで、続きを楽しみにしながら聴けるようになります。

つなぐ力（小技①）　今後、話をする時に「聴く」や「訊く」ができている子を見つけたら褒めて認めるようにすると、より子どもたちの「きく」姿勢が身に付いていくことでしょう。

上手な相づちの仕方を知る

うなずき名人と相づち名人

素材 隣のクラスの掲示物

ポイント 聞き上手な子に育てることは、学級づくりにおいても、授業づくりにおいても大切なことです。そのために、うなずきや相づちという発言する相手を安心させる反応の具体例を知ることから始めてみましょう。

対応する内容項目 相互理解、寛容

板書》》うなずき

みなさんは、相手の話を聞くとき、うなずきながら聞いていますか？
うなずきが上手い人は、聞き上手と呼ばれます。なぜだか分かりますか？

それは、「私の話を聞いてくれている」と相手に思わせることができるからです。さらに、うなずきと同じ効果のあるものがあります。

板書》》あいづち

それは、あいづちです。相づちとは、話をしている相手に言葉を返しながら聞くことを言います。今日は5つの「相づちあいうえお」を紹介します。

板書》》あ〜なるほど！

1つ目は、「あ〜なるほど！」と言って納得する。

斉読》》あ〜なるほど！

板書》》いいね！　すごい！

2つ目は、「いいね！　すごい！」と言って相手をほめる。

斉読》》いいね！　すごい！

板書》》うんうん。たしかに！

3つ目は、「うんうん。たしかに！」と言って共感する。

斉読 》》うんうん。たしかに！

板書 》》えっ、そうなんだ！
　4つ目は、「えっ、そうなんだ！」と言って驚く。
斉読 》》えっ、そうなんだ！

板書 》》おぉーっ、ほんとだ！
　5つ目は、「おぉーっ、ほんとだ！」と言って感心する。
斉読 》》おぉーっ、ほんとだ！

> 学年に応じて「納得」「共感」「感心」の意味を説明しましょう

　この5つの相づち。わざとらしくではなく、自然に使いながら話ができたら、うなずき名人だけでなく、相づち名人にもなれます。
　これが聞き上手になる近道です。聞き上手を目指して、チャレンジしてみてくださいね。

『とっておきの話』を生み出す5つの力

探す力 （小技③）	ある日、施錠当番で担当教室を回っていたら「あいうえお」を頭文字にした相づちについての掲示物を見つけました。これは使える！　と思い、素材にしました。
創る力 （小技③）	「感心する」等の行為の名前は時として抽象的な言葉が使われていますが、具体例とセットで提示するのであれば聞き手も抵抗感無く聞き取ることができます。
見せる力 （小技⑤）	行為の名前ではなく、具体例となるセリフを板書で見せることで、実際にそのセリフを使ってみたくなるように提示します。
話す力 （小技⑥）	それぞれのセリフを実際に子どもたちと一緒に斉読しながらリズム良く提示していくことで、相づちをすることのハードルを下げます。
つなぐ力 （小技⑤）	5つの相づちを掲示物にして教室に掲示し、いつでも確認できるようにしましょう。

57

心のやわらかさをもつ

あなたの心はセトモノ?

[素材] 相田みつを 「セトモノ」、AC ジャパンの映像

[ポイント] お互いに意地を張り合ったり、相手を批判し合ったりする関係は良くありません。それを 「セトモノ」 の心として喩えることで、子どもたちに心のやわらかさをもつ良さを伝え、良好な人間関係を築きます。

[対応する内容項目] 相互理解、寛容

提示 》》 心のやわらかさ

　もし、心をさわることができたら、人によってやわらかさがちがうのかもしれません。
　あなたの心はAとBのどちらでいたいですか?

提示 》》 A　セトモノのようにかたく割れやすい心
　　　　　B　やわらかく、割れにくい心

　いきなり心のやわらかさなんて言われても、難しいかもしれませんね。
　でも、心のやわらかさを教えてくれる詩があるんです。知りたいですか?

演出 》》 相田みつを「セトモノ」の詩を読み、途中で止める

　最後に、みつをさんは、「そういうわたしは……」と続けます。
　さて、みつをさんは、自分の心のやわらかさを何と言っているでしょう。

　答えを探しながら見てみましょう。

提示 》》 AC ジャパンの映像

正解は、「そういうわたしは、いつもセトモノ」でした。

あなたの心はどうですか？

Ａのセトモノの心ですか？　もうＢのやわらかな心をもてていますか？

いつもやわらかい心をもつのはむずかしいのかもしれません。

でも、やわらかい心をもち続けられたら、ぶつかりあっこしても割れることはないでしょう。

『とっておきの話』を生み出す５つの力

探す力 （小技③）	ACジャパンのCM映像をテレビで観て、YouTubeで繰り返し再生しながら説話の素材にできないか模索しました。
創る力 （小技⑥）	詩を全て読み切ってしまうのではなく、途中で止めて考える時間を設けることによって、子どもたちをその詩の世界観にぐっと引き込むことができます。
見せる力 （小技①）	教師が長々と説明するよりも、映像を見せてしまった方が早い時があります。伝えたいことを短く伝えられる映像の利点を活かし、タイミングを見て使います。
話す力 （小技⑩）	詩や映像に出合う前に必ず「知りたいですか？」や「答えを探しながら見てみましょう」等の呼びかけをし、自分なりの視点をもって見るように促します。
つなぐ力 （小技①）	セトモノの心を感じた場面には「今のはセトモノの心でしたね」と伝え、やわらかい心を感じた場面には「今のはやわらかい心を感じましたよ」と褒めて認めます。

58

優しい人見つけを始める

本当に優しい人は

素材 Twitter わかめ @senseiwakame 氏のツイート（https://twitter.com/senseiwakame/status/1537020791459823617）、「優」という漢字

ポイント 「やさしいね」と言ったことも言われたことも誰しもがあると思います。しかし、本当に優しい人とはどんな人なのか考えた経験は少ないのではないでしょうか。説話を通して考えることで、人間関係を円滑にします。

対応する内容項目 相互理解、寛容

板書》》やさしいね

　やさしいねと言われたことがある人？ 挙手》》
　先生もやさしい先生だと言われたことがありますが、本当に優しい人とはどんな人のことをいうのか考えたことはありますか？

　みなさんは、「やさしい」を漢字でどのように書くか知っていますか？　このように書きます。
板書》》優しい

　この「優」という漢字をよく見ると、
板書》》にんべん、百、愛をそれぞれ区別する線を書き加える

　「人を百回愛する」と書きます。
提示》》人を百回愛する

　百回は「たくさん」の喩え。
　本当に優しい人は、たくさんの愛を届けられる人のことを言うのかもしれませんね。

愛だなんて大袈裟な！　と思うかもしれません。
　でも、それぐらい本気で相手のことを思って行動することが、本当の優しさなのかもしれませんね。

　もし、そんな行動をしている人を見つけたら、先生に教えてください。
　さあ、本当に優しい人見つけの始まりです。

『とっておきの話』を生み出す5つの力

探す力 （小技②）	Twitter上には、説話の素材となるツイートが溢れています。自分の考えと照らし合わせながら探します。いいねの数ではなく、読んだ自分はどう思ったか、説話の素材となり得るかを吟味します。
創る力 （小技②）	話の終盤に「本当に優しい人見つけの始まりです」と結ぶことで、子どもたちの今後の行動につながるようにします。最後は自分事に落とし込む工夫です。
見せる力 （小技②）	「優」という漢字は大きめに板書することで、細かい部分に注目することができるようにします。分かりやすさを突き詰めてこその見せる力です。
話す力 （小技②）	「○○と思うかもしれません。でも……」という話し方をすることで、聞き手に共感しながら新たな視点を提案する説話となります。
つなぐ力 （小技⑨）	「優しい人見つけキャンペーン」をして、子どもたちと一緒に本当に優しい人を見つけることを楽しんでみてはいかがでしょうか。

59

報告・連絡・相談の大切さを知る

ホウレンソウのおひたし

素材 同僚から聞いた話

ポイント 先生と子どもとの関係形成において、報告しやすい・連絡しやすい・相談しやすい関係ができると生徒指導上のトラブルは大きく減ります。そのために、子どもに安心感を与える説話をしてみてはいかがでしょうか。

対応する内容項目 相互理解、寛容

　どんな子も、学校生活で何かあった時には、次の合言葉を大切にしてほしいです。
板書≫ホウレンソウ
　ホウレンソウのホウは、報告のホウです。何かあった時、何があったのか必ず報告してください。板書≫報告
　ホウレンソウのレンは、連絡のレンです。何か連絡しないといけないことがある時は、忘れずに連絡してください。板書≫連絡
　ホウレンソウのソウは、相談のソウです。何か困ったことがあった時、先生はいつでも相談に乗ります。必ず相談してください。板書≫相談
　このホウレンソウは、大人の世界でも部下が上司と関わる時に意識していることです。今のうちに練習しておきましょう。

　学年に応じて「報告・連絡・相談」の意味を説明しましょう

　みなさんがホウレンソウをしっかりしてくれれば、先生は「おひたし」で応えます。
板書≫おひたし
　おひたしのおは、怒らないのお。板書≫怒らない
　叱ることはあっても、むやみに怒鳴りつけることは絶対にしません。後ろめたいことがあっても隠さず、正直に話してください。
　おひたしのひは、否定しないのひ。板書≫否定しない

　あなたの行動は否定することはあっても、あなた自身を否定することは絶対にしません。先生はこのクラス全員を大切に思っています。

　おひたしのたは、助けるのた。**板書** 》》**助ける**

　いざ助けてほしい時に助けるのが先生の仕事です。本当につらい時は、一人で抱え込まず、先生の助けを借りてください。

　おひたしのしは、指示するのし。**板書** 》》**指示する**

　これから何をすべきか、指示をします。先生の指示をよく聞いて動けば、心配事はなくなっていきます。

板書 》》ホウレンソウのおひたし

　これからは「ホウレンソウのおひたし」を合言葉に過ごしていきましょう。

ホ	ウ	レ	ン	ソ	ウ	の	お	ひ	た	し
報告		連絡		相談			怒らない	否定しない	助ける	指示する

『とっておきの話』を生み出す5つの力

探す力 (小技④)	同僚から「ホウレンソウのおひたし」の話を聞いた時、先生と子どもとの関係でも言えることだと思い、説話の素材とすることにしました。
創る力 (小技②)	「ホウレンソウのおひたし」のような合言葉を話の終盤で印象づけることで、聞き手にとって後で振り返りやすい説話となります。
見せる力 (小技⑧)	最終的に見せたい板書に向けて少しずつ文字を書き足していくことで、「次はどんな言葉かな?」と楽しみながら聴くことができます。
話す力 (小技⑧)	話が長くならないよう、頭文字それぞれの言葉の意味は端的にリズム良く伝えていきます。
つなぐ力 (小技⑤)	「ホウレンソウのおひたし」の掲示物を教室に飾り、教師自身も意識しながら子ども一人一人と向き合ってみてはいかがでしょうか。

60

分かち合う喜びを理解する

ミラーニューロン　〜分かち合う喜び〜

素材 「脳にいいことだけをやりなさい」 マーシー・シャイモフ

ポイント 子どもたちにとって嬉しいことを聞くと、一人で自由に味わう喜びが真っ先に出てきます。一方で、みんなと一緒に分かち合う喜びもあるのだということを知ると、喜びの連鎖が生まれ、人間関係を良好にします。

対応する内容項目 相互理解、寛容

演出 》 あくびをしてみせる

　今、先生があくびをしたのを見て、自分もつられてあくびをしそうになった人は手を挙げてください。 挙手 》
この現象には、こんな名前が付いています。

板書 》 ミラーニューロン

　人間の体の中には、ミラーニューロンという「他人と自分の心を映し合う機能」をもった神経細胞があります。この細胞の働きによって、人間の脳は他人の行動を自分のことのように知覚することができます。今、先生につられてあくびをしそうになった人は、体の中のミラーニューロンが働いたのです。

　学年に応じて「機能」「神経細胞」「知覚」の意味を説明しましょう

提示 》

| A | 一人でお店の高級料理を食べる |
| B | 家族みんなでいつもの夕飯を食べる |

　みなさんは、どちらに喜びを感じますか？ 挙手 》
Aに挙げた人もいると思いますが、ミラーニューロンの働きを考えると、一人で味

わう喜びはみんなで一緒に味わう喜びに比べると続かないそうです。

板書》》分かち合う喜び

　このように、みんなで一緒に分かち合う喜びが生まれるように過ごしていると、ミラーニューロンが働いて喜びがどんどんと大きくなるそうです。

　一人で自由に味わう喜びも良いですが、みんなと一緒に分かち合う喜びも意識して過ごしてみませんか？

『とっておきの話』を生み出す５つの力

探す力 （小技⑩）	脳科学の勉強をしている間に「ミラーニューロン」という細胞があることを知り、「分かち合う喜び」という言葉につなげて素材にしました。
創る力 （小技③）	専門用語が出やすい話題なので、補足説明をするだけでなく、子どもたちでも理解できるような具体例を組み合わせて説話を創りました。
見せる力 （小技④）	話の導入からあくびをする演出を見せることで興味を惹きつけます。難しい話題ほど、いきなり知らない言葉を見せるのは控えます。
話す力 （小技⑧）	「ミラーニューロン」についての説明は端的にし、演出や具体例の提示部分に時間をかけて話すようにします。こうすることで、抽象度の高い話も受け入れやすくなります。
つなぐ力 （小技①）	分かち合う喜びの瞬間に出合ったら「今、みんなのミラーニューロンが働いて分かち合う喜びを味わえましたね」と価値づける声かけをしてみましょう。

「一番熱をもって話せるのは自分が創った話」

「いい話、心を育てる話、語り、講話……」

　こうした言葉が入っているタイトルの本は必ず購読するようにしています。本屋さんに並んでいる所謂「いい話集」の本を片っ端から取ってレジに持って行ったこともあります。同じジャンルの本を読み続けて、私は2つの大きな発見をすることができました。1つ目は、世の中には自分の知らない心に響く話で溢れているという発見です。2つ目は、どれだけ探しても自分が一番熱をもって話せる話は自分の外には存在しないという発見です。この2つの大きな発見は、相反するようで共通する1つの考えに辿り着きました。

　それは、「何を"いい話"とするかは人の価値観によって多様化している。だからこそ、自分の価値観に照らし合わせて自分で創った話が一番熱をもって話せる」という考えです。したがって、私は"いい話"ではなく、"とっておきの話"と表現しているのです。いい話自体は一般化できなくても、「とっておきの話は人それぞれにある」という事実は一般化できるはずです。

　本書で紹介する『とっておきの話』は、あくまでも私にとっての『とっておきの話』です。読者であるあなた自身の価値観や目の前にいる子どもたちの実態に合わせて話してこそ、あなたにとっても『とっておきの話』になるのです。私の『とっておきの話』は、お手本ではなく叩き台です。丸々追試実践しても良いですが、ぜひいくらでもあなたなりにアレンジしてください。そして、自分で創ってみることにも挑戦してみてください。

　実践する上でまず大事なのは、あなた自身が子どもたちの前で熱い気持ちで話すことなのです。先生が熱く話す姿が子どもたちを熱くさせるのです。紹介された説話をそのまま話すのではなく、自分の価値観や子どもたちの実態に目を向け、あなたもなってみませんか？　「とっておきの話クリエイター」に。

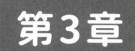

第3章
集団や社会の一員として活躍したくなる 『とっておきの話』

61

一線を越えない心づかいができる人になる

線引きができますか?

素材 「子どもたちが身を乗り出して聞く　道徳の話」平光雄／致知出版社

ポイント ルールからはみ出す言動をする子どもたちに対し、こちらから一方的に「ルールを守れ」と言っても響きません。自分事としてルールを意識できる手立てが必要です。「一線を越えない」という視点を与えることで、自分の言動をルールと照らし合わせて振り返るきっかけにします。

対応する内容項目 規則の尊重

板書 》》(横線を一本ひく)

───────────────

人差し指を出して下さい。先生と一緒に横線を一本引いてみて下さい。

演出 》》子どもと一緒に線を引く動作をする

では、目を閉じてみて。頭の中で今と同じ様に線を引けますか?　想像してみてね。……引けましたか?

板書 》》線引き

こういうのを「線引き」と言います。今、みんなは先生に言われて線引きをしたと思いますが、実は自然と頭の中でしていることなのですよ。

例えば、「先生の話は静かに聞く」というルールがあるとするよね。なぜみんながそのルールを守れるかというと、頭の中で線引きをして、「これ以上うるさいとルールを破ってしまう」という線を意識しているからなんです。ちなみに、意識していてもその線を越えてしまってルールを破ることを「一線をこえる」と言います。

板書》》一線をこえる

今自分がしていることは正しいかどうか。人に迷惑をかけていないかどうか。気になったら頭の中で線引きしてみましょう。

板書》》一線をこえない心づかい

一線をこえない心づかいができる人はステキです。ぜひ線引き名人になってください。

『とっておきの話』を生み出す５つの力

探す力 (小技⑨)	「線引き」を動作化できないかと考えた時、子どもたちと一緒に横線を一本引く動作を素材に、演出として取り入れてみてはどうかと思い付きました。
創る力 (小技⑩)	演出から始めることで、「線引き」のイメージを具体化してから本題のルールを守る話に進めることができるようにします。
見せる力 (小技②)	特に導入部分でいきなり板書をする場合、黙って書いて見せることが大切です。口から言葉を発しないからこそ、黒板に書かれる言葉に注目が集まります。
話す力 (小技①)	頭の中で線引きの動作を想像できるように、子どもたちの様子を見ながら臨機応変な声かけをしてみてください。「線引き」のイメージの具体化を支えます。
つなぐ力 (小技⑥)	ルールを破ってしまった子に対して「一線をこえましたね」と声かけし、「どこまでは良かったけど、どこからが悪かったか」を一緒に考えてみるのはどうでしょう。指導の一貫性が生まれます。

62

ルールをみんなで守る

みんなで決めたから、みんなで守る。

[素材] オリジナル

[ポイント] ルールは全員で守るものです。一人でも守らない子を放っておくと、その周りの子も守らなくなります。だからこそ、学級のルールを決めていく時期に「ルールはみんなで守るもの」という意識を高めたいです。

[対応する内容項目] 規則の尊重

[板書]》》ルール

ルールを決めるのは誰でしょう？ [指名]》》
正解は…みんなです。ルールは、「みんなで決めたルール」なのです。

[板書]》》① みんなで決めたルール

いやいや、元々決まっていたルールはみんなで決めていないよと思う人もいるでしょう。でも、今のみんなからしたら元々決まっているように見えるルールも、昔のみんなで決めたルールなのです。
これを「みんなで決めてきたルール」と言います。

[板書]》》② みんなで決めてきたルール

ルールを変えたいと思ったことのある人はいませんか？ [挙手]》》
その気持ちは自然なこと。もし状況によっては、ルールが変わることもあるかもしれません。これから「みんなで決めていくルール」もあるのです。

[板書]》》③ みんなで決めていくルール

　①～③の3つの言葉を見比べて、ルールについて何か気付いたことはありますか？……こうしたら分かりやすくなるかな？

提示》》

過去	みんなで決めてきたルール……②
今	みんなで決めたルール　　……①
未来	みんなで決めていくルール……③

　過去も今も未来も、ルールはみんなで決めるものなのです。だからこそ、みんなで守るものなのです。

板書》》みんなで決めたから、みんなで守る。

　これからも「みんな」を意識してルールを守っていきましょう。

『とっておきの話』を生み出す5つの力

探す力 （小技⑨）	ルールには、過去に決めてきたルールや未来で決めていくルールもあり、そのどれもがみんなで決めていると考えました。そこで「みんなで決めたから、みんなで守る。」という言葉が思い浮かびました。
創る力 （小技③）	低学年の子にもルールを守る大切さが伝わるシンプルな説話を創りたいと思い、「みんな」をキーワードにした話の構成を考えてみました。
見せる力 （小技③）	今まで板書してきた言葉を焦点化して再提示することで、子どもたちの考えも整理しやすくなります。時系列が分かり、共通する言葉に注目が集まります。
話す力 （小技⑨）	声の強弱によって「みんな」という単語を強調して話します。声の出し方は話し方に強く影響します。
つなぐ力 （小技③）	「例えば『廊下を走らない』というルールは、廊下を走ってけがをしないように、過去にみんなで決めてきたルールです」というように、具体的なルールをもとにさらに深く掘り下げても良いでしょう。

63

偏見なく人と接する

選ぶより選ばれる人に

素材 「あたらしいあたりまえ。BEST100」松浦弥太郎

ポイント 偏見は良くないことだと分かっていても、知らないうちに「その人はこういう人だから」と決めつけて話している子に出会うことがあります。こうした偏見ある言葉を取り除いていかないと、良好な人間関係は築けません。人を選ばず、自然と選ばれる人になるという視点を与える説話です。

対応する内容項目 公正、公平、社会正義

人は知らないうちに、付き合いやすい相手を選ぶものです。

みなさんも、こんなことを思ったことはありませんか？
Aさんはうわさによると嫌な子らしいから、関わらないようにしよう。本当かどうかも自分の目で確かめてもないのに、Aさんを避ける。
Bくんはどうせ読書ばかりする子だから、外遊びに誘うのはやめよう。直接聞いてもないのに、イメージだけでBくんを誘わない。

このように、付き合いやすい相手を選ぶ時、うわさやイメージで勝手に自分で「その人はこういう人だから」と決めつけていることが多いのです。
でも、人を選ぶことって良いことでしょうか？

提示 》「偏見」を連想するイラスト

板書 ≫ 偏見

　へんけんと読みます。漢字で、偏って見ると書きます。
　気を付けていないと、周りの人を偏って見ていることがよくあります。そんな人は、いつも人を選んで生きています。でも、偏見を続けていると、その人は逆に周りの人から選ばれなくなります。見方を変えて、人を選ばないで生きてみませんか？

　人を選ぶことをやめると、自然とその人は人から選ばれる人になるそうです。
　選ばれようと必死になるという意味ではありません。
　偏見をやめて、人を選ばずに生きていくと、自然と選ばれる人になるという意味です。

板書 ≫ 選ぶより選ばれる人に

　こんな人に、ぜひなってくださいね。

『とっておきの話』を生み出す５つの力

探す力 （小技⑧）	素材となる子どもたちの言動は、良いことばかりではありません。良くない言動も素材にし、「本当にそれでいいの？」と問いかける説話の素材とします。
創る力 （小技②）	最も心に残したい言葉を話の終盤で提示するようにしています。こうすることで、最初に提示するよりも言葉が記憶に残りやすくなります。
見せる力 （小技①）	偏見が悪いことだとイメージしやすいイラストを補足的に提示します。自分たちの行動を客観視できます。
話す力 （小技②）	抽象度の高い言葉について語る時には、なるべく具体例を示しながら話すようにしています。子どもたちの共感無くして語りは届きません。
つなぐ力 （小技⑦）	良くない言動をしていた子に注目してみましょう。改善が見られたなら、声かけをするチャンスです。

64

どの人とも公平に接する態度を養う

Win Winと Lose Lose

素材 「複雑化の教育論」 内田樹 （東洋館出版社）

ポイント 自分本位に偏らず、どの人とも公平に接するには「どんな状態を目指せば良いのか」を具体的にイメージすることが大切です。お互いに得をする状態と痛みを分け合う状態の双方を理解することで、目指す公平な状態を明確にし、偏りの無い判断や行動につながるきっかけとします。

対応する内容項目 公正、公平、社会正義

板書≫公平

判断や行動が偏っていないことを公平と言います。

人には、自分に合う人と合わない人がいるものです。

しかし、自分に合う人とだけ接していると判断や行動が偏っていきます。

では、自分に合わない人も含めて、どの人とも公平に接するにはどうしたらいいのでしょう？

今日は2つの公平な状態を紹介します。

板書≫Win Win

ウィンウィンと読みます。読んでみましょう。　斉読≫Win Win

どちらも得をするという意味です。例えば、目の前においしそうなバナナが1本あるとします。それをA君とB君がほしいと言った時、どちらかがバナナをもらうとどちらかがもらえない状態になりますよね。Win Winにするにはどうしたらいいでしょう。それは、バナナを半分に分ければいいのです。

どちらもバナナをもらえるという意味では Win Win ですよね。でも、この話はも

う１つ別の公平な状態だと言うことができます。

板書 ≫ Lose Lose

それがこのルーズルーズです。読んでみましょう。　**斉読** ≫ Lose Lose

　どちらも損をするという意味です。本当は１本もらえたはずのバナナが半分無くなったという意味ではＡ君もＢ君も損をしていますよね。つまり、痛みを分け合うということです。

　Win WinとLose Lose。この２つを意識していくと、どの人とも公平に接する力が身に付いていきます。お互い気持ち良くなる状態を作れる人は、たくさんの人とつながりをもてる人になれます。

　難しいからこそ、まずは意識することから始めましょう。

『とっておきの話』を生み出す５つの力

探す力 **（小技②）**	Win Winは元々知っていましたが、Lose Loseという考え方もあることを内田樹さんの本を読んでいて気付かされました。読書は視野を広げ、説話で語る内容に新たな変化をもたらしてくれます。
創る力 **（小技⑧）**	「公平」という言葉だけを提示するのではなく、子どもたちにとって聞き馴染みのいい「Win Win」「Lose Lose」を併せて提示することで、行動基準のスモールステップとなる言葉を創り出します。
見せる力 **（小技⑩）**	「Win Win」「Lose Lose」はあえてそのまま英語表記にして言葉のリズム感がより伝わるように見せます。そうすることで、子どもたちにとって合言葉として使いたくなるようにしています。
話す力 **（小技⑤）**	子どもたちにとって難しそうな挑戦だと感じる話題ほど、最後は前向きに言葉を贈るようにしています。
つなぐ力 **（小技③）**	学級で対人トラブルが起きた時は公平に接する態度について考えるチャンスです。「Win Win」「Lose Lose」を基準に子どもたちと一緒に考えてみましょう。解決の糸口が見つかりやすくなるかもしれません。

65

いろんな見方で人を見る

ネッカーの立方体

素材 ネッカーの立方体

ポイント 良好な人間関係の形成を阻害する一番の原因は、偏見や決めつけです。しかし、偏見は良くないとそのまま伝えてもあまり実感が湧きません。そんな時、自分が偏見をもっている状態を疑似体験できる説話です。

対応する内容項目 公正、公平、社会正義

提示 》ネッカーの立方体の画像

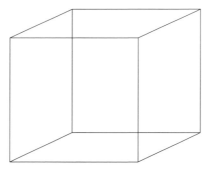

これは、ネッカーの立方体という図形です。

学年に応じて「立方体」の意味を説明しましょう

みなさんは、この立方体のどの面が正面だと思いますか？
ここが正面だと思う人？　では、ここが正面だと思う人？

演出 》どの面のことかわかりやすくなるように色マジックで周りの線を囲む

見方を変えると、最初に自分が正面だと思っていた面がだんだんと正面ではないように見えてきます。

152

　これは、人を見る時も同じです。「この人は○○な人だ」と決めつけた見方ばかりしていると、その人の違う面に気付きにくくなってしまいます。そうではなくて、「この人は○○なところもあるけど、△△なところもある人だ」といろいろな見方をすると、どんな人にも魅力があることに気付きます。

　あなたの心にあるネッカーの立方体は、ここが正面だと決めつけていませんか？ぜひ、いろいろな見方ができる人になってください。

『とっておきの話』を生み出す5つの力

探す力 （小技⑥）	算数や数学の世界には、魅力的な図形が溢れています。物事の喩えとして、自分の好きな図形を説話の素材として用いても面白いと思いました。
創る力 （小技⑤）	ネッカーの立方体自体に魅力があるので、余計な説明は付け加えず、実際に正面はどこかを聞き手と一緒に探ることに重きを置いて創りました。
見せる力 （小技⑧）	正面の位置が見方で変わる現象を分かりやすく伝えるために、色分けして周りの線を囲み、強調して見せるようにしています。
話す力 （小技③）	正面はどこかを探る時にはぜひ聞き手である子どもたちと一緒に「確かめてみよう」と楽しみながら話してみてください。関心がより高まります。
つなぐ力 （小技⑤）	何度見直しても同じ現象を体験できるネッカーの立方体は、掲示物にして教室に貼っておくのも良いでしょう。子どもたちそれぞれのペースで体験できます。

66

見られていなくても努力する

裏方努力＝陰徳

素材 笑ってコラえて！（テレビ番組　2016年11月26日放送）

ポイント 子どもたちは、表舞台の目立つ部分に注目してしまいがちです。だからこそ、裏方で努力している人の存在にも目を向けてほしいです。クイズ番組を例に、「裏方努力」「陰徳」という視点を与えてみましょう。

対応する内容項目 勤労、公共の精神

提示 》》高校生クイズの写真

　テレビで見たことがある人？

　これは、高校生クイズの写真です。全国の高校生たちがクイズに挑戦し、クイズ王を決める大会です。

　ある日、テレビをつけたら、ちょうど高校生クイズをやっていました。高校生たち、すごくがんばっていました。

　今日のとっておきの話は、高校生クイズをする高校生たちの話……

　ではなく、この人たちの話です。

提示 》》クイズを出題するアナウンサーの写真

　実は、先生が見ていたテレビは、クイズに挑戦する高校生ではなく、クイズを出す側の新人アナウンサーさんのことが紹介されていました。

　問題文をかまずに言えるよう、彼らが30回以上読んで練習していた姿が映し出されていました。その映像を見て、表舞台に立つ高校生だけでなく、裏でがんばっているアナウンサーの存在に気づかされました。

　表舞台の反対を「裏方」と言います。裏方は、あまり注目されない側の人たちです。しかし、裏方が努力するからこそ、表で立つ人たちも輝くことができます。こういう心を「陰徳」と言います。

板書》》裏方努力＝陰徳

　先ほどのアナウンサーも、高校生の一度きりの大勝負を邪魔しないために一生懸命がんばっていました。裏方で努力していたのです。

　学校生活の中には、裏方努力をしている人がいっぱいいます。
　例えば、今は〇〇の時期ですね。どんな裏方努力の人がいるか、みんなでいっしょに探してみましょう。

『とっておきの話』を生み出す5つの力

探す力 （小技③）	テレビ番組の中には、子どもたちも普段観るような番組もあります。そんな番組の裏側にスポットが当てられたコーナーは、素材を得るチャンスです。
創る力 （小技⑨）	いきなり子どもたちにとって身近な話をするのではなく、興味を惹きそうなクイズ番組の話から始めて徐々に自分事として考えられるよう近づけていきます。
見せる力 （小技②）	板書をする時は、話しながら見せないようにしています。雑音を無くして見せることで、聞き手が見せられたものに集中しやすくなります。
話す力 （小技⑨）	注目してほしい単語である「裏方努力」や「陰徳」を声の強弱によって強調しながら語っていきます。
つなぐ力 （小技②）	学級通信に「今週の裏方努力コーナー」を作り、子どもたちの様子を載せてみましょう。

67

利他の精神で行動する

残り姿は美しく

[素材] 2021 年 2 月 5 日教育長だより、山形大学付属小学校校長室だより

[ポイント] 見られていなくても残って善い行いをするという陰徳の考え方が広がることで、温かい雰囲気の集団を形成することができます。こうした利他の精神をもって働く姿を「残り姿」と名付け、価値づけて紹介します。

[対応する内容項目] 勤労、公共の精神

[板書]》後ろ姿　[提示]》後ろ姿の写真

これは後ろ姿ですね。では、この言葉は知っていますか？

[提示]》残り姿

聞いたことがある人や意味がわかる人はいますか？ [挙手]》

[提示]》サッカーの試合後、ゴミ拾いをしているサポーターの写真

　これは、サッカーの試合の後、日本のサポーターが残ってゴミ拾いをしている姿です。

何か出来事が終わった後やみんなが去った後に、残った人の姿や物の姿のことを、「残り姿」と言います。

　この写真の残り姿は美しいですよね。

　残ってゴミ拾い、ステキな残り姿です。

　さて、みなさんの周りには、どんな残り姿があるかな？

演出 ≫ 実態に合わせて次の例1・2のように具体例を示す

例1　もうすぐ6年生が卒業しますね。（6年生向けに話しても良いし、在校生視点から話しても良い）美しい残り姿を見せてくださいね。

例2　6年生を送る会が終わった後、みなさんが6年生のためにつくった作品が飾られて残っています。これも美しい残り姿ですね。

　残り姿は、日本の国で大切にしてきた文化の1つです。

　みなさんも、美しい残り姿を見せられる人になってくださいね。

『とっておきの話』を生み出す5つの力

探す力 （小技②）	教育長だよりや校長室だよりは必読です。その自治体の教育長の考え方や勤務校の校長の考え方を学ぶ貴重な媒体です。そこから素材が閃くこともあります。
創る力 （小技⑥）	その時に応じて「残り姿」についての話ができるように、具体例の提示の部分には幅をもたせています。あえてアレンジする余白を残して創っています。
見せる力 （小技①）	後ろ姿と残り姿の違いをイメージできるような写真を提示することで、自分はどんな残り姿を意識して行動しようか考える助けとなります。
話す力 （小技②）	子どもたちが「自分もやってみよう」と共感できるような美しい残り姿の具体例を付け加えて話せば、残り姿の輪は広がっていきます。
つなぐ力 （小技②）	子どもたちの美しい残り姿を見つけたら、写真に撮って紹介してみましょう。全体の前で紹介しても良いですし、学級通信に載せても良いでしょう。

68

親に感謝する気持ちを高める

親に感謝する日は4つ?

素材 「中学生にジーンと響く道徳話100選―道徳力を引き出す
"名言逸話"活用授業―」長谷川博之／学芸みらい社

ポイント 家族に感謝の気持ちを伝える機会は意識的につくりたいです。当たり前の存在だからこそ、その関係性を意識することで、感謝の気持ちを高めます。そこから意識し続けられるように、「毎日」という視点を与えます。

対応する内容項目 家族愛、家庭生活の充実

板書》》親に感謝する日

　1年の中で、○○の日と呼ばれる日はたくさんあります。その中でも、みなさんが「親に感謝する日」と聞くと何の日を思い浮かべますか? 指名》》

　父の日や母の日、もちろんそうですよね。でも、それだけではありません。あと2つは覚えておいてほしい日があります。

板書》》こどもの日

　こどもの日は、こどもの幸せを願う日です。でも、それだけではありません。法律でこんなふうに決められています。

提示》》**こどもの人格を重んじ、こどもの幸福をはかるとともに、母に感謝する。**

　こどもを産んでくれたお母さんに感謝する日でもあるのです。

　もう一つ、親に感謝する日があります。ヒントは、祝日ではありません。

板書》》誕生日

　自分だけが主役だと思っていませんか?　自分が誕生日の時こそ、今まで育ててくれた親に感謝するチャンスです。

これで「親に感謝する日」を4つ覚えましたね。でも、本当に4つだけでしょうか？ 指名 》

板書 》　親に感謝する日は、□日。
□には何が入ると思いますか？ 指名 》

正解は……毎日です。

板書 》親に感謝する日は、毎日。

感謝する日なんてわざわざつくらなくても、いつでも感謝の気持ちが伝わり合う親子でいたいものですね。
今日から早速、親に感謝の気持ちを伝えてみませんか？

子どもたちの家庭状況に合わせて「親」という表現に気を付けて話しましょう

『とっておきの話』を生み出す5つの力

探す力 （小技⑤）	素材とした説話に「毎日感謝する」という視点を自分なりに付け加えました。知った話の一歩先を考えることで、別の話として創り直すことができます。
創る力 （小技③）	親に感謝する日を設定しなくても、毎日いつでも感謝の気持ちは伝えられるということを主題にし、内容が子どもたちに分かりやすく伝わるように工夫して創りました。
見せる力 （小技②）	「親に感謝する日は、毎日。」の「毎日」は大きく板書して見せます。思考バイアスを崩す言葉は強調して見せます。
話す力 （小技②）	指名後の子どもの意見は反応を返しながら話を進めていきましょう。中には予測していなかった面白い意見もあるかもしれません。
つなぐ力 （小技②）	この説話をしたことを学級通信で紹介してみましょう。持って帰った先で親子の話題に挙がることで、家庭でも感謝を伝えるきっかけにします。

お手伝いを積極的にする

ファミリーメイト ～お手伝いより、おまかせあれ。～

[素材] オリジナル

[ポイント] 「お手伝い」という言葉からは、手伝ってもらう・あげるという関係性が垣間見えて本来の家族の関係性とは意味が離れているように感じます。本来ならば「お手伝い」よりも「お任せあれ」という気持ちで家族の一員として仕事の責任を果たせる子に育ってほしいです。

[対応する内容項目] 家族愛、家庭生活の充実

[板書]》**クラスメイト**

意味を知っている人？ [挙手]》
同じクラスの仲間のことを「クラスメイト」と呼びます。
では、これはどんな意味でしょう？

[板書]》**ファミリーメイト**

これは、こういう意味です。

[板書]》**ファミリーメイト＝家族の一員**

みなさんは、家族の一員として、おうちでお手伝いをしたことがありますか。
経験がある人は手を挙げてください。 [挙手]》

今手を挙げた人は、ファミリーメイトになる一歩手前まで来ています。
では、どうしたらファミリーメイトになり切れるのか。
とっておきのコツがあります。こちらです。

提示 》 お手伝いより、お□□□□□。

　□の中に何が入るでしょう？……正解は、

提示 》 お手伝いより、おまかせあれ。

　本当の意味でファミリーメイトになり切るためには、「お手伝いをしてあげる」という気持ちだけではなれません。何かをしてあげる・してもらうという関係を超えて、「家族の一員として、その仕事の全てを私に任せてください」という気持ちで自然と家事ができるようになると立派なファミリーメイトです。

　みなさんもこれから家族の人のためにお手伝いをする時には、「もうこの○○の仕事は僕・私に任せて！」と言ってみてください。家族を愛していることが伝わり、あなたのファミリーメイトみんなを笑顔にする人になれるはずです。

『とっておきの話』を生み出す5つの力

探す力 （小技⑨）	「ファミリーメイト」は「クラスメイト」から着想を得て生み出した造語です。短いカタカナ表記は印象に残る素材になりやすいのであえて言い換えました。
創る力 （小技④）	「ファミリーメイト」という言葉だけでは印象に残っても伝えたいメッセージとしては弱いと感じたので「お手伝いより、お任せあれ。」という言葉も自分で考え、組み合わせて創ってみました。
見せる力 （小技⑥）	文字を隠す時、隠したい言葉を一気に隠すのも良いですが、文字数分だけ□を並べると考えたくなるヒントになって興味を惹く問いかけができるでしょう。
話す力 （小技③）	「ファミリーメイト」という言葉が格好良く聞こえるように先生自身が楽しみながら語ってみてください。子どもたちも使ってみたくなります。
つなぐ力 （小技①）	家庭で家族のために家事のお手伝いをしてきた子に対して「立派なファミリーメイトだね」と価値づけて褒めてみてください。

70

家族の温もりを振り返る

千手観音の手

素材 「人間学を学ぶ月刊誌　致知　2017 年 11 月号」致知出版社

ポイント 大人は様々な場面で子どもに手をかけて育てます。だからこそ、手をかけて育てられたという意識をもつことで自然と子どもの家族愛は育まれていくことでしょう。人は社会的動物ですから、一人きりで生きていくことはできません。逆に手をかけて育てる側の人にもなってほしいです。

対応する内容項目 家族愛、家庭生活の充実

板書 》千手観音

みなさんは、千手観音の像を見たことがありますか?
提示 》千手観音のイラスト

　絵を見ると、手がたくさんありますよね。「千手」とは「たくさんの手」のこと。「観音」というのは観音様と呼ばれる仏教の世界で偉い人のことを言います。普通、人の手は2本のはずなのにたくさんあってびっくりしましたね。

　でもね、こんな詩があります。
提示 》 □□□□□□□ 子どもの描いた　お母さんという絵には　いくつもの手がかいてあった

　□に入る言葉は何でしょう?　お母さんの手は2本のはずなのに、千手観音のようにいくつもの手をかいた子どもとは、どんな子どもでしょう。指名 》

では、□に入る言葉も含めて、ゆっくりと黙って読んでみてください。

提示 ≫ 目の見えない子どもの描いた　お母さんという絵には　いくつもの手がかいてあった

　さみしい時は手をつないであげ、抱きしめてほしい時は手で体を寄せてくれた。他にも、お母さんと関わる時はいつもお母さんの手が何かをしていた。目の見えない子にとって、それくらいお母さんの手というのは自分にたくさんのことをしていると感じたのでしょうね。千手観音のようにたくさんの手を描くのも自然なのかもしれません。

　みなさんは今まで、どんな人からどれだけの手をかけられて生きてきましたか？きっとだれもが、千手観音のように数えきれないほどの手を家族からかけてもらって生きてきているはずです。その手を感じられる人になってくださいね。

　そして、みなさんも、だれかのために自分の手をいくつも差し伸べられるような人になりましょう。

『とっておきの話』を生み出す5つの力

探す力 （小技③）	雑誌を読んでいたら、この詩に出合いました。大人向けの雑誌でしたが、千手観音の写真と説明を短めにしたら子ども向けにもなると思いました。
創る力 （小技①）	千手観音の写真に出合うのが初めての子もいると想定し、導入部分で印象付けることにしました。その後、たくさんの手が「家族愛」をテーマにした表現へと変わっていくように話を構成しました。
見せる力 （小技⑥）	目の見えない子どもだったからこその気付きに着目させたいと思い、「目の見えない」以外を先に見せてから詩の全体を見せるようにしました。
話す力 （小技⑤）	後半部分は家族愛を感じられるように優しく語りかけてみましょう。前半部分とのギャップを演出し、心に響く説話になります。
つなぐ力 （小技⑤）	1つ1つの手に「〇〇をしてくれた手」と名前を付けながら実際にたくさんの手を描いてみる活動をしてみてはいかがでしょうか。家族が自分にどれだけ手をかけて育ててくれているかが可視化されます。

71

お弁当を作る家族の気持ちを考える

お弁当はふるさと

素材 【CM】 〜泣ける！　お母さんのお弁当覚えてる？〜
「西友 HANDMADEHOMETOWN」（2015 年）

ポイント この話をする時、全員がだれか家族にお弁当を作ってもらっている家庭環境であるか事前に確認しておく必要があります。「お弁当」という作り手である家族の気持ちが形になった子どもの持ち物に焦点を当てて考えることで、家族愛を育むきっかけにします。

対応する内容項目 家族愛、家庭生活の充実

演出 》子どもたちがお弁当を持って来た日に話す

家庭環境に応じて話して良いか事前に判断しましょう

板書 》お弁当　給食

　今日はお弁当の日です。お弁当と給食のちがいは何でしょう？ 指名 》
さまざまなちがいがあると思いますが、中でもこのちがいに注目してみましょう。

板書 》用意してくれる家族がいる

　みんなのお弁当はそれぞれ用意してくれる家族がいます。だからこそ、お弁当によって味も違います。
　今、みんなが食べているお弁当の味は、用意してくれた人の愛情がこもった味です。この味は、大人になってもおぼえているものです。こんなCMがあります。

板書 》お母さんのお弁当おぼえてる？

　CMでは、大人になって家族から離れて一人で生活している人を集め、目の前にずらっと並べられたお弁当から「自分のお母さんが用意してくれたお弁当を当てる」

という動画が流れます。

今からみなさんでやってみたら、当てる自信はありますか？ **挙手》》**

なるほど。でもこのCMでは、子どもの頃から何年も経った後でも当てられるかなので、より難しいでしょう。

それでも、CMではズバリ当てている人たちの姿が映ります。みなさんは、今目の前にあるお弁当の味を大人になっても当てる自信はありますか？ **挙手》》**

今自信が無いという人も、意外と大人になってからもおぼえているものです。

板書 》》お弁当はふるさと

今食べているお弁当の味は、大人になってから自分の心を温めてくれる、ふるさとの味になるかもしれません。用意してくれたあなただけの家族を思い浮かべながら、大切に食べましょう。

『とっておきの話』を生み出す5つの力

探す力 （小技③）	YouTubeで「CM　感動」と検索すると、人の心に響く動画に多く出合えます。その中には、動画ではなく説話に作り変えられる素材もあります。
創る力 （小技①）	お弁当を「作る」ではなく、「用意する」と表現したのは、家庭環境によっては作る時間も無く買って子どもに与える家庭もあると予想されたからです。聞き手である子どもの実態に合わせて表現を変えます。
見せる力 （小技④）	子どもたちがそれぞれ持って来たお弁当を目の前に見せている状態でこの話をする演出によって、より自分事として聴くことができます。
話す力 （小技⑦）	「当てる自信はありますか？」という問いかけと挙手によって、お弁当の味のちがいを意識し、それぞれの家族の想いを感じられるようにします。
つなぐ力 （小技⑦）	今後お弁当の日が訪れる度に「お弁当は○○○○という話をしましたね。○の中には何が入りましたか？」と問いかけることで、合言葉の定着を図り、意識を継続できます。

72

落ち着いた雰囲気をつくる

集中のシャボン玉

素材 シャボン玉、静かにポーズ

ポイント 新しい学年が始まって間もない頃は、学習規律を整えることが大切です。特に「静かな落ち着いた雰囲気づくり」は子どもたちの安心感にもつながる大切な視点です。ただ注意するのではなく、イメージしやすい具体物に喩えたりみんなで同じポーズをしたりしながら意識づけを行います。

対応する内容項目 よりよい学校生活、集団生活の充実

提示 》

A いつもギャーギャーとさわがしい声が聞こえ、静かにして！　という声がひびき、うるさい！　という先生の怒鳴り声が聞こえてくる教室
B いつも静かで落ち着いた雰囲気で、やさしい言葉が聞こえてくる教室

　みなさんは、どちらの教室にいたいですか？
　Aの教室にはなく、Bの教室にはあるものがあります。
　それは……板書 》集中のシャボン玉
「集中のシャボン玉」と呼ばれるものです。
提示 》シャボン玉の写真

　作り方は簡単です。みなさん、人差し指を立てて静かにポーズをしてみてください。
提示 》静かにポーズの画像

それぞれ静かにすることに集中してみてください。すると、指先から見えないシャボン玉が出てきます。みんなのシャボン玉が教室中に集まると、全体を包むほど大きなシャボン玉ができます。こうなると、今まで聞こえなかった音が聞こえるようになります。みなさんでやってみましょう。

集中できている子を褒めながらやってみましょう

集中のシャボン玉ができてきました。もっと集中してみてください。今まで聞こえなかった音が聞こえてきませんか？　風の音、鳥の鳴き声、隣のクラスから聞こえてくる音、みなさんは聞こえましたか？……はい、やめてください。

一番大事なことは、「どんな時も静かに、落ち着いて過ごそうと　全員　が思うこと」です。全員が思わないと、静かにしていない人のせいでシャボン玉が割れてしまい、集中のシャボン玉ができません。

板書 》》集中のシャボン玉

今日から「静かにして！」ではなく、「シャボン玉を作ろう！」と声を掛け合いましょう。みんなでステキな集中のシャボン玉をつくっていきませんか？

『とっておきの話』を生み出す5つの力

探す力 （小技⑨）	息子が飛ばすシャボン玉を眺めていたらふと思い付きました。何気ない光景も素材になる可能性が秘められています。
創る力 （小技⑩）	みんなで一緒にやるポーズを実践する時間を設けると、意識づけされやすくなります。聞き手全員が参加できる仕掛けを工夫しましょう。
見せる力 （小技①）	喩えをイメージ化するために、シャボン玉の画像を見せます。こうすることで、頭の中でシャボン玉をイメージしやすくなります。
話す力 （小技⑩）	二者択一の問いかけから入ることで、自分事として聞く流れをつくります。思考のスモールステップを作り出すようにしています。
つなぐ力 （小技⑥）	静かな落ち着いた雰囲気が生まれる度に「今、集中のシャボン玉が上手に作れているね。」と褒め、先生自身も価値づけの合言葉にしていきましょう。指導に一貫性が生まれ、余計な注意が減ります。

73

理想の学級像をイメージする

〇年〇組なべを作ろう

素材 おいしそうななべ料理の写真

ポイント みなさんは、理想の学級像を具体的に何かに喩えてイメージしたことはありますか？　学級をつくっていく上で、教師と子どもがそのイメージをあらかじめ共有しておくことは大切です。そこに学級の個性も出ます。

対応する内容項目 よりよい学校生活、集団生活の充実

提示 》なべ料理の写真

なべ料理が好きな人？ 挙手 》　先生も大好きです。

良い学級をつくっていくことは、なべ料理を作っていくことと似ています。

提示 》A. 白菜だけ入ったなべ料理
　　　　B. いろんな種類の野菜や肉、キノコが入ったなべ料理

AとB、みなさんはどちらのなべ料理がおいしいと思いますか？ 挙手 》
　Bが多いですよね。学級も同じで、〇年〇組という器の中に同じ人がたくさんいてもおもしろくないのです。みんなちがってみんないいのです。

板書 》みんなちがって　みんないい

　では、なべ料理とは別に、豆腐だけそのまま何も付けず食べてくださいと言われたらみなさんはうれしいですか？

　あまりうれしくないですよね。豆腐もなべの中に入れたいですよね。学級も同じで、〇年〇組という器の中に全員が気持ちよく入っていることが大切なのです。つまり、みんなで決めたルールをみんなできちんと守るということです。

板書 》》みんなのルールを　みんなで守る

　なべ料理には、いろいろな種類があります。キムチ鍋、豆乳鍋、よせ鍋、もつ鍋などです。集まった食べ物によって、鍋の出し汁が変わるからです。先生は、今ここにいる〇年〇組ならではの出し汁が出ると信じています。そして、これからの学校生活を送る中で心に火を灯してみてください。グツグツグツグツ……

　ほら、おいしそうななべ料理ができあがっていく音が聞こえます。〇年〇組なべのできあがりです。そんな学級をみんなで楽しくつくっていきましょう。

板書 》》〇年〇組ならではの学級を作ろう

『とっておきの話』を生み出す5つの力

探す力 （小技⑦）	身近な物から一つずつ思い浮かべては、自分にとって理想の学級像を具体的に喩えられるものを探していました。ある日、家族と一緒に鍋料理を食べたことで、「これだ！」と閃きました。
創る力 （小技③）	理想の学級像について考える視点は多岐に渡りますが、多くても3つに絞って分かりやすく話すことで聞き手である子どもとイメージを共有しやすくなります。
見せる力 （小技⑨）	なべ料理のイメージに引っ張られ過ぎないように、大事なキーワードは必ず板書して残します。
話す力 （小技③）	学級をつくっていくことが楽しそうと思えるように、話し手である教師自身が楽しみながら話すことが大切です。子どもは教師の鏡です。
つなぐ力 （小技⑩）	学級目標の掲示物になべ料理の写真や絵を載せましょう。学級のシンボルにもなり、クラスづくりの原点として振り返ることができます。

74

席替えの考え方を共有する

毎日席替えするクラス　席替えしないクラス

素材 教育実習生の頃の体験

ポイント 席替えは子どもたちにとって学校生活におけるビッグイベント。大事なのは席替えの仕方ではなく、席替えに対する考え方です。どんな席でも居心地が良いと全員が思えるクラスづくりのきっかけとなる話です。

対応する内容項目 よりよい学校生活、集団生活の充実

板書》》席替え

　先生になる前、先生は学校で教育実習やボランティアをしていた時があったので、いろんなクラスを見てきました。その中で、クラスによってあれもちがう、これもちがう、ということを発見しました。特に大きな発見だったのは……「席替えのちがい」でした。

　ある日はなんと、毎日席替えするクラスに出会ったことがありました。
　別のある日には、一年間一度も席替えしないクラスに出会ったこともありました。

提示》》毎日席替えするクラス　一度も席替えしないクラス

　先生は気になって仕方がなかったので、この2つのクラスにいる子にそれぞれ、同じ質問をしてみました。
　「こんな席替えの仕方、嫌じゃない?」と。
　そうしたら、どちらのクラスの子も「嫌じゃない」と答えたんですね。
　「どうして?」と聞いてみたら、これまた同じ理由が返ってきたんです。

　何だと思いますか?　指名》》

実は……「どんな席でも、居心地の良いクラスだから」と答えたんですね。

提示 >> どんな席でも、居心地の良いクラス

　どんな席でも、居心地の良いクラスだと全員が思っているクラスは、きっとどんな席替えの仕方をしても、文句は出ないのでしょう。

　さて、このクラスはどうかな？　今から席替えをしますが、文句を出さずにできそうですか？　どんな席でも、居心地の良いクラスを目指していきましょう。

『とっておきの話』を生み出す5つの力

探す力 （小技⑦）	外から素材を探すのも良いですが、自分の内面を見つめて素材を探すのも良いでしょう。今日は私の教育実習やボランティアでの経験が素材になりました。
創る力 （小技⑦）	極端な例の対比を見せることで興味を惹きつけ、その答えから子どもたちの席替えに対する考えにアプローチして自分事に落とし込んでいきます。
見せる力 （小技①）	「どんな席でも、居心地の良いクラス」という言葉を提示する際、同時に具体的なイメージができる画像を見せても良いでしょう。目指したい気持ちが高まります。このように補助的に見せる物もあります。
話す力 （小技④）	理由を考える時間はじっくりと取りたいので、間をおいて話します。間の長さは、聞き手である子どもたちに合わせて細かく調整します。
つなぐ力 （小技⑧）	実際に席替えをする直前にこの話をすると効果的です。子どもたちと考え方を共有してから席替えの仕方の話に移るようにしましょう。

75

変化を成長につなげる

GをCに変える

素材 CHANGE と CHANCE の英語綴り

ポイント 変化を嫌ったり、苦手な子がいます。人は本来、変化に弱い生き物です。しかし、変化無くして成長はありません。変化は成長できるチャンスなのだという考え方が、子どもたちの今後の挑戦を後押しします。

対応する内容項目 よりよい学校生活、集団生活の充実

板書》変える

　いつまでたっても変わらないことはありませんか？
例えば、いつも忘れ物を注意される。いつもあいさつの声が小さい。

　いつまでたっても変わりたくないこともあるかもしれません。
例えば、嫌いな食べ物は食べたくない。苦手な競技はやりたくない。

　今までのことを変えるというのは、勇気のいることです。
ちなみに、変えるを英語で言うと「CHANGE」と書きます。

板書》CHANGE

　ここから、一文字だけ変えると、違う言葉になるのを知っていますか？

　それでは、変えてみましょう。

演出》GをCに置き換えて板書

　CHANGEがCHANCEに変わりましたね。

GをCに変える勇気をもつことで、チャンスになるんです。

今までの自分から変わることは、これからの自分が成長するチャンスです。
チェンジをチャンスにする勇気をもっていきましょう。

CHANGE

CHANCE

『とっておきの話』を生み出す5つの力

探す力（小技①）　英語の綴りを一捻りすると別の英単語になることはよくあります。このCHANGEとCHANCEは、たった1文字違いですが意味が違います。こうした文字遊びも、意味や願いをこめて話せば十分素材となります。

創る力（小技⑨）　話の導入で、変化を嫌ったり、苦手な子に共感したりします。主張したいことと反対の感情にまず共感することで、どの子も聴きたくなる話にします。一方的な話にならないように気を付けます。

見せる力（小技④）　GをCに変える演出部分は子どもたちと一緒に楽しむ気分で言葉かけしながら見せましょう。「今からどこが変わるかな？」と言いながら変わるところを見せるだけで、見ている人に驚きと発見を与えます。

話す力（小技⑤）　最後の呼びかけ部分は優しく語り掛けるようにし、子どもたちの今後の挑戦を後押ししましょう。焦って話し終えないようにあえて時間をかけます。

つなぐ力（小技⑦）　何かが変化する挑戦をしている子を見つけたら「チェンジをチャンスに変えているね！　ファイト！」と励ましてみてはいかがでしょうか。

76

一緒に学ぶ仲間の存在を感じる

なぜ西を向いて授業を受けるのか

素材 「さまぁ～ずの神ギ問　日本全国学校の先生だってわからない疑問が
あるんだよSP」フジテレビ番組　2017年10月22日放送

ポイント 素朴な疑問をみんなで一緒に考える時間は楽しいものです。考え
た結果、前向きな話で終えられたらよりその時間は楽しくなるでしょう。そん
な学びを一緒に楽しめる仲間の存在を感じられるひと時を用意します。

対応する内容項目 よりよい学校生活、集団生活の充実

板書》》東西南北

　人差し指よ～い。東はどっち？　西はどっち？　じゃあ北は？　南は？　もう一
度、西は？
演出》》子どもたちと一緒に楽しく方角を確認する

板書》》黒板は西

　みなさんは、なぜ黒板が西向きなのか、考えたことはありますか？
　日本全国で、約8割の学校がみんな西向きだそうです。ということは、みんな西
を向いて授業を受けているということです。どうしてでしょう？

　理由は2つあるそうです。1つ目は、太陽の光が差す方向。窓が南にあると、
右利きの子にとって、手が影にならなくて済みます。昔は左利きの子が右利きに直
される時代でしたから、右利きの子を基準にして決められたそうです。

　もう一つは、風です。北風は冬に吹く寒い風に比べ、南風は夏に吹く涼しい風
です。気持ちの良い風を取り込むためなんですね。

学年に応じてイラストや具体例で補足説明しましょう

と、ここで納得してもらったと思いますが、もし３つ目の理由があるとしたら、みなさんならどう答えますか？

先生はこんな理由を考えました。

提示 》》みんな太陽が進む方向を向いて学んでいる

「みんな太陽が進む方向を向いて学んでいる」ってね。

さぁ、太陽に負けないくらい熱い気持ちで授業を楽しみましょう！

『とっておきの話』を生み出す５つの力

探す力（小技③）	テレビ番組の中には、身近な疑問であって意外な答えの事象を取り扱った番組があります。こうした疑問解決番組は、時に思わぬ素材を提供してくれます。
創る力（小技④）	テレビで紹介されていた２つ目の理由までで話を終えないようにします。先生自身の視点が３つ目の理由に加わるからこそ、説話に魅力が生まれます。
見せる力（小技⑤）	具体例を見せることで、話の最中につまずく子が出ないようにします。何も見せずに話して難解な説明にならないよう気を付けています。
話す力（小技③）	始めと終わりの話し方には、勢いが大切です。熱い気持ちをもって子どもたちと一緒に楽しみたいという願いが伝わるように、力強く話します。
つなぐ力（小技⑧）	この説話を終えてから始める授業は、子どもたちにとって本当に楽しめる授業でありたいですね。授業を終えるまでが１つの流れになるようつなげたいです。

77

居場所を再確認する

back to school

素材 ラジオで聴いた話から

ポイント 例えば夏休み明けなどの新学期が始まるタイミングで話すことをお勧めします。長期休みに入る前に、今いる学級が居心地の良い場所であることを再確認し、安心して休み明けの学校生活を送れるようにしたいです。

対応する内容項目 よりよい学校生活、集団生活の充実

おかえりなさい！
突然いつもと違うあいさつをしてびっくりしましたよね。
今日の話を聞くと、どうしてこんなあいさつをしたのか理由が分かります。

板書》新学期

新学期を英語で訳すと、New semester や a new school term となります。

板書》a new school term

新学期は、新しい学校生活の始まりです。新しい気持ちで新たな挑戦に向かってがんばることはもちろん大切です。

一方、もう1つの大切な意味があると先生は最近発見しました。
「新学期の」という言葉を英語で訳すと、ちょっと変わった英語になります。

こんな英語です。

板書》back to school

直訳すると、「学校に戻る」です。

なんだかステキな訳になりませんか？

新学期が始まるということは、あなたたち子どもや先生が学校に戻ってくるという意味なのです。

その時、安心して戻ってこられる教室でありたいと思っています。

だから最初に、あなたたちには「おかえりなさい！」とあいさつをしました。

もう一度あいさつするので、みなさんは何て言えば良いか分かりますね？

演出》》先生と子どもたちで「ただいま！」「おかえりなさい！」と言い合う

これからもみんなで一緒に、誰もが安心できる居心地の良い教室にしていきましょう。

新学期、スタートです。

『とっておきの話』を生み出す5つの力

探す力 （小技④）	何気なくラジオを流しながら車を運転していたら聞こえてきた話からヒントを得て、実際に自分で和訳を調べた上で素材にしました。
創る力 （小技⑩）	子ども同士で「ただいま！」「おかえり！」と言い合う演出から始めてみても良いでしょう。心がほっとする雰囲気づくりになります。
見せる力 （小技③）	英語を見せる時は、どの単語に注目するか細かく指さして見せると良いでしょう。日本語に比べて見慣れていないからこそ、細かく焦点化しましょう。
話す力 （小技③）	先生自身も温かい気持ちで「おかえりなさい！」と子どもたちに伝えてみましょう。気持ちがこもっていれば必ず子どもたちの心に届くはずです。
つなぐ力 （小技⑧）	この話をあえて長期休み前の学期終わりのタイミングで話すのも良いでしょう。「今度会った時はおかえりなさい！と言ってみんなを迎えるね」「ただいま！と言ってまたみんな揃って会おうね」と伝えます。

一生を超える伝統時間

素材 温故知新の意味、体験談

ポイント 伝統を受け継ぐ大切さというのは子どもたちからするとよく聞く話だと思います。だからこそ、ストレートな表現を避け、様々な視点から伝統を受け継ぐ大切さについて改めて考える機会を作っていきたいです。

対応する内容項目 伝統と文化の尊重、国や郷土を愛する態度

板書 》》伝統

　伝統と聞くと、みなさんはどんなイメージを持ちますか？
　なんだか古臭い、堅苦しいイメージをもつ人もいるかもしれません。
　しかし、伝統が受け継がれてきた時間は、人の一生の何倍、何十倍、何百倍と長いのです。

板書 》》一生を超える伝統時間

　そんな一生を超える伝統が受け継がれてきた時間は、何十年、何百年、中には何千年と続いているものもあります。つまり、たくさんの人の命のバトンによって今残っている伝統は大切にされてきたのです。

板書 》》温故知新

　「おんこちしん」と読みます。古くから大切にしていることから学び、新しいものが生み出されることを意味した言葉です。古くから大切にしていることから学ぶ姿勢なくして新しいものは生み出されないのです。

　さて、みなさんの身近にあって伝統を感じられる行事と言えば何でしょう？

それは……地域のお祭りです。

板書 》》お祭り

　お祭りには、その地域の伝統が詰まっています。みなさんの地域のお祭りに必ず登場する物は何ですか？　お祭りで必ずすることは何ですか？　その一つ一つに、古くから大切にしている伝統が詰まっているのです。

　この地域のお祭りと言えば、これでしょう。

演出 》》子どもたちが住む街のお祭りの踊りを踊ってみせる

　　　　子どもたちに馴染みのある踊りを踊ってみせましょう

　この踊りも地域に残る立派な伝統です。最後にみなさんで踊ってみましょう。

演出 》》子どもたちと一緒に踊る

『とっておきの話』を生み出す5つの力

探す力 （小技③）	「伝統　大切」と検索すると、伝統を受け継いできた時間の長さに触れた話が多く出てきます。四字熟語の意味と組み合わせてみましょう。
創る力 （小技①）	最後は子どもたちにとって身近な話として終えたいと思い、お祭りを入口にして伝統について考えられるように創りました。
見せる力 （小技④）	子どもたちに馴染みのある踊りを踊ってみせることで、地域のお祭りの中にも伝統が詰まっていることを伝えたいです。
話す力 （小技①）	前半部分の話は丁寧に、後半部分の話は気分を上げて話してみましょう。難しくなりそうな話題ほど分かりやすく、身近な話題ほど関心が高まるようにします。
つなぐ力 （小技④）	自分の身の周りにある伝統から調べ学習につなげ、様々な地域や国にある伝統について知る機会を設けても良いでしょう。

79

外国語を学ぶ良さを考える

英語で一番美しい言葉は?

[素材] 元々自分が創っていた説話

[ポイント] いきなり国際理解と言っても子どもたちには難しいテーマですが、その国の言語についてどんな言葉があるのかを考えることから始まる国際理解もあると思います。「一番美しい言葉を探す」という視点を提示することで、外国語を学ぶ良さを感じるきっかけにします。

[対応する内容項目] 国際理解、国際親善

板書》日本語で一番美しい言葉は?

　日本にいる外国人たちにアンケートで日本語ランキングをしたところ、日本語で一番美しい言葉が選ばれました。何だと思いますか? [指名》]

　正解は……「ありがとう」でした。

　この話を聞いて、日本語の美しさについて考えるのも良いでしょう。
　でも、そもそも外国人たちが「どんな日本語が美しいか?」を考えている姿自体、美しいと思いませんか?

板書》英語で一番美しい言葉は?

　逆の立場だったらどうでしょう。みなさんは、「英語で一番美しい言葉は?」と聞かれてすぐに答えることができますか?　答えることができたとしても、ランキングにできるほどたくさんの候補は上がらないでしょう。なぜなら、私たちはまだどんな英語があるのかをよく知らないからです。「どんな日本語が美しいか?」のアンケートに答えた外国人たちは、どんな日本語があるのかをよく知っている外国人とも言えます。

提示 》》 その国の言葉をよく知る人は、その国で一番美しい言葉を知る人。

　みなさんも、日本語以外で「その国で一番美しい言葉」について考え、探すことのできるグローバルで美しい姿を目指してみてください。

　そのためには、その国の言葉をよく知る必要があります。気になった国の気になった言葉から覚え始めてみませんか？　美しいと感じる新しい言葉にきっと出合えるはずです。

『とっておきの話』を生み出す5つの力

探す力 （小技⑤）	元々は日本語の「ありがとう」という言葉の美しさについて考える説話だったものが「国際理解」をテーマにした説話の素材にもなると考え、作り直してみました。
創る力 （小技⑨）	「英語で一番美しい言葉は？」と自問自答した時、上手く答えることができない感覚が面白かったです。そこで、聞き手の子どもたちと一緒にこの感覚が味わえるような話の構成にしました。
見せる力 （小技⑦）	「日本語で一番美しい言葉は？」と「英語で一番美しい言葉は？」が縦に並ぶように板書することで、印象的な問いかけとなります。
話す力 （小技①）	アンケートに答えた外国人のすごさが子どもたちに伝わっているかどうか、反応を確かめながら一緒に感動するように話します。
つなぐ力 （小技④）	実際に調べて英語ランキングを作ってみてはいかがでしょうか。英語の思わぬ美しい言葉に出合えるかもしれません。一方で、英語以外の言語に興味をもつ子も現れるかもしれません。

80

外国の地域を細かく見つめる

どれもアメリカの写真です

素材 アメリカやディズニーランドの写真

ポイント 国際理解と聞くと、例えば1つの国について理解する時に、たった1つのイメージのみで理解した気になってしまいがちです。この傾向を払拭し、さまざまな地域を見つめてその国のイメージを形成してほしいです。

対応する内容項目 国際理解、国際親善

提示 》アメリカの各州を象徴する3つの写真

A   B   C

  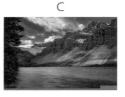

A〜Cの中で、アメリカの写真はどれでしょう? 挙手 》

正解は……どれもアメリカの写真です。

私たちは、外国について学ぶ時、その国のイメージを1つに決めつけてしまいがちです。きっと今のみなさんの中にも、「アメリカはこんなイメージに違いない」と勝手に決めつけてしまった人もいたでしょう。それではその国について理解したとは言えないのです。
どんな国にも、さまざまな地域があり、だからこそ、さまざまなイメージを持ち合わせているのです。

では、どうしたらその国のさまざまな地域について学ぶことができるでしょう。ネットで調べてもいいですし、海外旅行に行ってみてもいいでしょう。

　でも、今日はちょっと変わった学べる場所を紹介します。みなさんもきっと知っている、あの場所です。

提示 》》東京ディズニーランドの写真

　実は、ディズニーランドはエリアごとにイメージが大きく変わります。これは、アメリカの地域ごとのイメージの違いが反映されている側面もあると言われています。
　ディズニーランドの他にも、外国の地域ごとのイメージの違いが反映されている遊園地は日本に数多くあります。遊びながら学んでみるのも面白いかもしれませんね。ぜひ調べて行ってみてください。

『とっておきの話』を生み出す5つの力

探す力 （小技⑨）	日本に様々な地域の特色があるように、外国にも様々な地域の特色があるはずです。それを写真で表現したいと思いました。
創る力 （小技④）	ただ地域ごとの写真を見せるだけでは素材として弱いと感じていたところ、外国文化に触れられる施設の話題と組み合わせようと閃きました。特に子どもたちの多くが知っている遊園地は素材として打ってつけです。
見せる力 （小技⑦）	どんな写真を選択し、見せるかは重要です。アメリカの各州を象徴する3つの写真は「一見それぞれ別の国のように見える写真」を選択します。比べて見せる効果が高まります。
話す力 （小技⑥）	「みなさんもきっと知っている、あの場所です。」というように、子どもたちが「何だろう？」とワクワクさせるような言葉がけを演出として取り入れながら話します。
つなぐ力 （小技④）	例えば志摩スペイン村はスペイン、長崎ハウステンボスはオランダについて学べる遊園地です。子どもたちと一緒に調べてみると意外と身近な場所に外国文化に触れられる施設があることを知れて楽しいです。

　朝の会の終盤、教室の雰囲気が一変します。全員の子どもたちの視線が私に集まります。今か今かとその時を待つ子どもたちのワクワクした姿が見えます。

「くろぺん先生の『とっておきの話』！」「イェーイ！」

　子どもたちがいつの間にかはじめた学級内のやり取りの声が教室中に響き渡ります。まだ子どもたちの前に立っていないのに、拍手が起こります。

　子どもたちの前に立って『とっておきの話』をすると、見えます。「今日は何を話してくれるのかな?」と前屈みになって話を聴く子の姿。私の発する言葉1つ1つに頷いたり驚いたりする子の姿。投げかけられた問いかけに対して必死に自分なりの答えを考える子の姿。全部見えます。

　『とっておきの話』が終わってからも子どもたちとのドラマは続きます。いや、ここから始まると言っても良いでしょう。自分の考えを聞いてほしいと近づいてくる子の姿。感想を何行も書いてくる子の姿。実際に行動に移した子の姿。授業中に今まで話してきた『とっておきの話』を話題に出す子の姿。そして……

　「くろぺん先生の真似をして、タブレットで私の『とっておきの話』をつくりました。クラスのみんなの前で、先生のように話してもいいですか?」

　こんな子の姿にも出会えました。1つ1つがドラマであり私の宝物です。だからこそ、『とっておきの話』の実践はやめられないのです。たった一人でも私の話を待っている子がいるのなら、たった一人でも私の話で心に響く子がいるのなら、『とっておきの話』の実践はこれからもやり続けます。

　『とっておきの話』の実践は、私一人ではなく、目の前の子どもたちと創り上げてきた実践です。

第4章
生命や自然、崇高なものから学びたくなる
『とっておきの話』

桜の生態性から友を待つ心を学ぶ

友を待つ桜

[素材] 先輩の先生の学級通信に載っていた話

[ポイント] この話は春の桜が咲いている時期にするとより効果的です。人には得手不得手が必ずあります。当然、全員の歩調が揃わないことも出てくるでしょう。その中で、友を待つ関係性を育むきっかけづくりが大切です。こうしたことを教えてくれる桜の生命としての尊さを感じる話です。

[対応する内容項目] 生命の尊さ

[提示]》桜の写真（できれば校内に咲いている桜の写真）

これは何だかわかりますね？　そうです、桜です。
今から話すことは、本当にある話です。最後までよく聞いてくださいね。

桜には、こんな言葉があります。
[板書]》□を待つ桜

□に入る言葉、わかりますか？ [指名]》

ここには……「友」が入ります。

[板書]》友を待つ桜

186

「友を待つ桜」とは、どういう意味でしょうか。

桜の花は、一斉には咲きません。1本の木の中でも、早くに咲く桜の花もあれば、遅くに咲く桜の花もあります。

そんな中、最初に咲いた桜の花は、最後に咲いた桜の花が咲くまで待ってから、散るそうです。

全員が花を咲かせてから、全員で散ってゆく。

まさに友を待っているようですよね。

「友を待つ桜」は本当の話です。ステキですよね。

では、私たちはどうでしょうか。

人間も、やることが早い子もいれば、遅い子もいます。そんな中、早い子はじっと遅い子を待てるでしょうか。遅い子の助けになれるでしょうか。

みんなには「友を待つ桜」に負けない、「友を待つ人」になっていってほしいですね。そんな人が増えると、「友を待つ学級」になります。

全員で　花を咲かせていきましょう。

『とっておきの話』を生み出す5つの力

探す力 (小技②)	尊敬する先輩の先生の学級通信を読むと、素材となる考え方や言葉で溢れていることがあります。
創る力 (小技④)	元々の素材の扱われ方と違う形で話の流れや内容を変更してみましょう。あなたなりに編集した説話は、あなただからこそ創れた説話です。
見せる力 (小技⑤)	冒頭に見せる桜の写真は、できれば校内に咲いている桜を撮影しておくと良いでしょう。身近な写真であればあるほど、子どもたちが自分事として考えやすくなります。
話す力 (小技④)	意味を考える問いかけをした後は聞き手の思考時間を十分に与えるため、たっぷりと間をおきましょう。話し手にとっても、ゆっくりと子どもたちの表情や反応を確かめるチャンスです。声無き時間も大切に。
つなぐ力 (小技⑧)	算数の授業における子ども同士の教え合いに「友を待つ桜」の考え方を取り入れてみてはいかがでしょうか。

82

生き物の寿命から生命の尊さを知る

セミの一生

[素材] セミの寿命

[ポイント] 生命の尊さは、限られた時間の中で精一杯生きる姿を通して感じられるものでしょう。特に寿命が短いと言われる昆虫は、その独特な生き方から私たち人間も心打たれるエピソードがあります。生命の尊さを知った子どもは、人間に対しても優しくなれます。人間も同じ生命ですから。

[対応する内容項目] 生命の尊さ

[提示]≫セミの写真

　これは何でしょう。[指名]≫
　はい、セミですね。みなさんは、セミの寿命がどれくらいか答えることができますか？　実は、これぐらいです。

[板書]≫7年

　でもこれは、幼虫として土の中で過ごしている時間なのです。みんながよく見る成虫の姿で生きている時間はどれくらいだと思いますか？

　正解は……

[板書]≫7日

　たったの7日間。つまり、一週間だけなのです。
今週みなさんが出合ったセミは、来週また会えるとは限らないのです。

[演出]≫セミの鳴き声の真似をする

　毎年夏になると聞こえてくるセミの鳴き声、正直うるさいなぁと思ったことがある人？ 挙手 ≫

　わかります。先生も思ってしまったことがあります。

　でもね、あれだけ一生懸命鳴いているのには理由があるのです。なぜだと思いますか？ 指名 ≫

　実は、思い切り大きな声を出すことでオスのセミはメスのセミに「僕はここにいるよ！」とアピールしているのです。そうでないと、子どもが作れませんよね。次に生きる未来のセミのために7日間、一生懸命鳴き続けて死んでいくのです。

　人の一生よりも短い生き物は他にもたくさんいます。先に死んでいく生き物たちは、まだ生き続けている私たち人間に何かを残していくと思っています。それが何なのかは、生き物を大切にする中でしか分かりません。

　みなさんは、今日のセミの話を聞いて、何なのかが分かりましたか？

『とっておきの話』を生み出す5つの力

探す力（小技⑨） 夏になるとセミの鳴き声があちらこちらから聞こえてきます。「この鳴き声の主はあと数日の寿命なのだ」という気持ちで聞いていたら、セミが教えてくれる生命の尊さを感じました。早速、素材にしました。

創る力（小技⑥） セミの話だけで終わらないよう、最後は他の生き物の一生にも目を向けられるような話のくだりを付け加えました。視野を狭めない素材の引き立て方を意識して創っています。

見せる力（小技①） セミの写真やセミの鳴き声の真似を見せてイメージ化することで、セミの一生について考えたくなるように興味を惹きつけます。

話す力（小技⑩） 最後に問いかけを残して話を終える場合もあります。説話が終わった後にも余韻を残して自分で答えを探してほしいと願いを込めています。

つなぐ力（小技⑧） 夏休みの自由研究につなげてみてはどうでしょう。他の生き物について調べてきた子がいたら全体に紹介し、改めて生命の尊さについて考えても良いですね。

83

動物の命について考える

78円の命

素材 「78円の命」谷山千華（メタブレーン）

ポイント 生命の尊重の大切さを伝えることは簡単ではありませんが、具体的な数字やインパクトのあるエピソードとセットにして伝えることで関心を高めることができます。人間だけでなく、動物の命についても本気で考えられる子に育ってほしいですよね。生命の尊重は外せないテーマです。

対応する内容項目 生命の尊さ

演出》78円（大きく板書）

78円で、何が買えるでしょう？

ちょっとしたお菓子なら、買えるかな？ 10円ガムが7個？
みんなが使っているシャーペンやノートは100円以上しますよね。

板書》78円の□

これは、最近先生が読んだ絵本のタイトルです。□にはどんな物が入るかな？

実は、「命」が入ります。

犬や猫など、動物を飼ったことはありますか？
この絵本の主人公は、人間に飼われた猫です。
ある日、その猫は赤ちゃんを生みます。しかし、赤ちゃん猫を育てられない飼い主は、保健所という場所に赤ちゃん猫を送ります。そこでは……一匹あたり、たった78円で、飼い主が見つからなかった動物が殺され、捨てられているのです。これは、現実に起きていることです。この本によると、一年に20万匹もの動

物が、飼い主に見放されて殺され、捨てられているそうです。

　わたしたちが何かの動物を飼う時、その動物の命をあずかります。この本のおびに、こんな言葉が書いてありました。

第4章　生命や自然、崇高なものから学びたくなる『とっておきの話』

提示 》》
　　大切なのは、いのちそのものではなく、いのちをせいいっぱい抱きしめること

　いのちをせいいっぱい抱きしめて飼うことができる。
そんな気持ちで、動物の命と向き合っていけたらいいですね。いのちをせいいっぱい抱きしめるってどういうことでしょうか？　考えてみましょう。

演出 》》絵本の読み聞かせをする

『とっておきの話』を生み出す5つの力

探す力 （小技③）	絵本の表紙を素材にすることはありますが、帯に書いてある言葉にも注目してみると説話に取り入れたい言葉が書いてあることがあります。
創る力 （小技②）	先に78円のイメージを具体化した上で「命」という言葉を提示することで、「78円の命」という言葉のインパクトを高めた話ができます。
見せる力 （小技③）	説明部分での言葉はあまり記憶に残せないからこそ、その後に凝縮された言葉を提示して最も伝えたい部分は落とさず伝えます。今回は「いのちをせいいっぱい抱きしめる」という言葉を見せます。
話す力 （小技⑩）	説話の終盤で敢えて新たな問いを提示して終えるパターンもあります。その先は子どもたち自身で考えてもらうためです。
つなぐ力 （小技①）	生き物を大事にしている場面を見かけたら「いのちをせいいっぱい抱きしめているね」と褒めて認めましょう。生き物係のスローガンにしても良いでしょう。

84

食べ物を尊敬して食べる

尊敬しているから食べる

素材 https://corobuzz.com/archives/43415／ 2020 年 9 月 27 日妻から聞いた話

ポイント 生命の尊重を考えた時、命を奪うのは良くないので食べないことを選択する人もいるでしょう。一方で、大好きだからこそ尊敬して食べるという考え方の人もいます。どちらの考えも知った上で生命の尊重について自分なりに考えられる子に育ってほしいです。

対応する内容項目 生命の尊さ

みなさんは、尊敬している人はいますか？ 指名 》

提示 》 そんけいしている食べ物

では、尊敬している食べ物はありますか？

提示 》（さかなくんの写真を提示）

　この人は、さかなくんと呼ばれる人です。魚博士で、自分でたくさんの魚を飼ったり、水族館と一緒にたくさんの仕事をしたり……きっと日本で一番魚が好きな人でしょう。

　そんなさかなくんにある日、子どもからこんな質問がとどきました。

提示 》「魚が大好きなさかなくんでも、魚を食べるのですか？」

　みなさんはどう答えたと思いますか？ 好きなものを食べてしまうのはかわいそうと思うかもしれません。でも、さかなくんは、「食べる」と答えました。

その後、さかなくんはこんなふうに答えました。

提示 》「魚のことをそんけいしているからこそ、おいしくたべる、たべられるところはぜんぶたべる。残しません。」

みなさんは、尊敬して食べているものはありますか？
食べ物はすべてもともと生きていた命です。感謝して「いただきます」を言いましょう。それが命を尊重することにもつながります。

『とっておきの話』を生み出す5つの力

探す力 （小技④）	テレビで放送されていたというさかなくんのエピソードを妻から教えてもらい、自分なりに調べた上で素材にしました。
創る力 （小技③）	食べ物を尊敬するという考え方が聞く人にとって新鮮だろうと考え、ここに焦点を当てながらさかなくんのセリフで話を構成するようにしました。
見せる力 （小技①）	さかなくんの写真を選ぶ時には、見るだけで「魚が大好きな人」という印象が伝わりやすいものを選んで提示します。同じ人の写真でも映り方で印象は大きく変わります。
話す力 （小技⑧）	さかなくんのセリフを提示するだけでその言葉の意味が伝わると思ったので、セリフについての説明はあえて省いて話を進めています。
つなぐ力 （小技③）	魚以外に尊敬して食べたい食べ物はないかを考えても良いでしょう。また、給食の「いただきます」の前に「今日から食べ物を尊敬しながら食べてみましょう」と呼びかけてみてはいかがでしょうか。

85

身近なことからSDGsについて考える

こんなところにSDGs

素材 令和3年12月時点　カップヌードルのふた

ポイント SDGsと聞くと、壮大なことを考えないといけないような難解なイメージが先行してしまいがちですが、本当は身近なところにSDGsの考え方が伝わる物があることを伝えたいです。身近なことから考えていける説話です。

対応する内容項目 自然愛護

板書 ≫ SDGs

みなさんは、SDGsと聞いてどんなイメージをもちますか?

学年に応じて「SDGs」の意味を説明しましょう

少し難しいテーマのように感じる人もいると思います。
しかし、先生は最近、身近なある物にSDGsを見つけました。
何だと思いますか?

提示 ≫ カップヌードルの写真

　正解は、カップヌードル……の、ふたです。今見せている画像は、いつもよく見るふたですが、こんなふただった時もあります。

提示 ≫

ネコ耳でとめるようになっていてかわいいですよね。でも、ただかわいいだけではありません。この形になったのには理由があります。

ふたの裏には、こんな説明が書いてありました。

提示》》【プラスチック削減のために　フタ止めシールをやめました。そのかわり、フタを新しくして止まりやすくしました。】

板書》》こんなところにSDGs

プラスチック削減は立派なSDGsですよね。みなさんの身の周りにも、「こんなところにSDGs」と呼べる物があるはずです。探してみてくださいね。

『とっておきの話』を生み出す5つの力

探す力（小技⑥）	何気なく昼食として食べたカップヌードルのふたのデザインが面白いと思いました。細かく見るとSDGsにつながる文章を見つけました。
創る力（小技⑧）	SDGsのような大きなテーマを扱う時ほど、身近な物を素材にして説話を創るようにしています。子どもたちにとって学びのスモールステップになるからです。
見せる力（小技⑩）	実際にフタの裏の写真を見せることで、より身近に感じるようにしています。
話す力（小技③）	「こんなところにもSDGsがあるのか！」という驚きをもって話したいですね。素材に出合った当時の感動と同じくらい話し手自身が感動してみせながら話しましょう。
つなぐ力（小技④）	カップヌードル以外にもSDGsが感じられる物探しをしてみてはいかがでしょうか。調べ学習につながり、紹介し合うことで学びが深まります。

86

共生と生物多様性について考える

地球の家 〜共生と生物多様性のレンガ〜

[素材] 自然愛護について調べた経験

[ポイント] 自然愛護について考える際、「共生」や「生物多様性」の考え方は切っても切れない深い関係をもつものです。だからこそ、こうした抽象度の高い言葉を理解するための具体的なイメージをもつことから始めたいです。子どもたちの身近に落とし込んで初めて行動につながっていきます。

[対応する内容項目] 自然愛護

[提示]》生物

生物と聞いて、思いつくものは何ですか？ [指名]》

[提示]》地球の家

これは、「地球の家」と言います。地球の家は、さまざまな生物のレンガでつくられた家です。ここに、今みなさんが言った生物の名前を書き込んでみます。

[提示]》地球の家に子どもたちが言った生物の名前を書き込んだもの

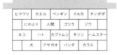

> 学年に応じて「共生」「生物多様性」「絶滅」の意味を説明しましょう

このように、地球はさまざまな生物が共に助け合って生きています。これを「共生」と言います。[板書]》共生

また、さまざまな種類の生物が生きていることを「生物多様性」と言います。
[板書]》生物多様性

では、この「共生」という関係や「生物多様性」の状態が崩れたらどうなるのか。たとえば、この中から3つの生物が絶滅してしまったとしたら……

提示 》》3つの生物の名前を黒く塗りつぶした地球の家

ヒマワリ	カエル	ペンギン	イルカ	タンポポ
	■	人間	ゴリラ	ゾウ
ネコ	ハト	カブトムシ		ハムスター
犬		パンダ	カラス	

急に不安定な家に見えてきませんか？　それぐらい、1つの生物が地球からいなくなるということは私たち人間にとっても大きな出来事なのです。

地球の家に一緒に住む生物たちのために、この地球の自然を守っていきましょう。それは、私たち人間を守ることにもつながるはずです。

『とっておきの話』を生み出す5つの力

探す力 （小技⑨）	「共生」や「生物多様性」が崩れる様子を分かりやすく伝えられる表現として、「地球の家」を思い付きました。早速エクセルで簡単に図を作り、素材にしました。
創る力 （小技③）	今回は自然愛護について考えるきっかけとして「共生」や「生物多様性」との関係を具体的にイメージできることをゴールにして説話を創りました。伝えたい内容を欲張りすぎないようにします。
見せる力 （小技⑦）	「地球の家」は1つだけ示すのではなく、さまざまな状態をイメージ化して複数見せるようにします。こうすることで変化の過程も分かりやすく伝えることができます。
話す力 （小技⑧）	子どもたちにとって難しい用語が出てくるので、あくまで「地球の家」のイメージを土台にして分かりやすく伝わるように話します。
つなぐ力 （小技⑧）	「地球の自然を守るために、私たちにできることは何でしょう？」と問いかけ、自然愛護の具体的な行動につなげていきましょう。

87

自然のエネルギーを肌で感じる

海を見るだけで

素材 体験談

ポイント ネット社会の発展やコロナ禍の外出制限により家で過ごすことが多いご時世だからこそ、実際に自然の景色を体感する経験を大切にしてほしいです。自分自身、自然の雄大なエネルギーに何度も助けられながら生きてきました。自然から愛護されている感覚が自然愛護の心を育てます。

対応する内容項目 自然愛護

みなさんは、何か嫌なことがあった時、どうやってストレス解消をしていますか？
指名 》》

好きなゲームをしたり、友達と一緒に遊んだりしてストレス解消するのも良いでしょう。でもね、今日はちょっと違ったストレス解消法を紹介します。まず、こんな言葉を知っていますか？

提示 》》ヒーリングミュージック

心が落ち着くような音楽をヒーリングミュージックと言います。聴くだけで心が落ち着いてくるような音楽です。これはたとえば、「自然音」と言われるものが多いです。自然の音と聞くと、何を思い浮かべますか？ 指名 》》
なるほど。先生はこの自然音が大好きです。

演出 》》波の音を流す

海が奏でる波の音を聴いているだけで、心が落ち着きます。でもね、もっとストレス解消できる、とっておきの方法があります。

提示 》》実際に行く

それは、実際に自然の中へ自分が行くことです。先生は行ってきました！

提示 》》実際に訪れた海の写真

それはもう最高でした。海を見るだけで、波の音を聴くだけで、海風の匂いを嗅ぐだけで、スーッと心が落ち着いていくのです。もちろん、泳いでも楽しいですよね。こうした自然の大きな力を感じると、エネルギーをたくさんもらえます。

私たちは自然に守られているのです。だからこそ、自然を守りたいですね。

『とっておきの話』を生み出す５つの力

探す力 （小技⑦）	ストレスが溜まった時、ふと自然に触れたくなります。特に海は見ているだけで心が癒されます。この景色をそのまま素材にしようと考えました。
創る力 （小技⑨）	いきなり海の話題に入ると、感動を共有することが難しいと感じました。そこで、ストレス解消という話題を導入に触れることで、子どもたちの共感を誘えると考えました。
見せる力 （小技⑩）	海の写真はぜひ実際に訪れた写真を大きく見せてください。先生の感動が子どもたちに伝われば、一緒に感動を味わうことができます。
話す力 （小技③）	実際に見に行った時の感動そのままに熱く自然の雄大さについて語ってみてください。きっと子どもたちにもその熱意は伝わるはずです。
つなぐ力 （小技③）	長期休み中に訪れた自然について、子どもたちと一緒に語り合うのも良いでしょう。自然愛護の心が少しずつ育っていきます。

88

感謝して食事をする

食事の裏に100人の手

素材 「幸運は、必ず朝に訪れる。」枡野俊明、給食時間中の児童の様子

ポイント 給食は毎日ある時間です。だからこそ、感謝の心を少しずつ育てていくチャンスの時間でもあります。目の前の食事の裏にたくさんの人の手が携わっていることを知れば、給食時間中に感謝の心が育まれていきます。

対応する内容項目 感動、畏敬の念

提示 ≫ 食事の絵

板書 ≫ 食事の裏

　みなさんは、食べることが好きですか？
　ここでクイズです。一つの食事がみんなに用意されるまでの間、材料である食べ物を育てるところから数えると、何人の人の手が関わっていると思いますか？三択で選びましょう。

挙手 ≫

| A　5人 | B　30人 | C　100人 |

正解は……Cの100人です。

板書 ≫ 100人の手

　材料である食べ物を育てる人、食べ物を収穫する人、収穫された食べ物を選ぶ人、選ばれた食べ物を運ぶ人、運ばれた食べ物を店に並べる人、並べられた食べ物を売る人、それを買う人、料理する人、配膳する人……大体100人と考えて良いでしょう。

　もしかしたら、100人よりも多くの人の手が関わっているかもしれません。

　好き嫌いをしないとか、時間内に食べるとか、給食時間には細かいルールがたくさんありますが、全部これにつながります。

板書 》》食事に感謝

　自分が今、この食事ができているということに感謝する心を磨くためなのです。100人の手が関わって今ここに来ている食事を丁寧に扱えない人は、その100人の人に対して丁寧に接しなかったのと同じです。感謝して食事をすることの大切さを忘れないでください。

『とっておきの話』を生み出す5つの力

探す力 （小技⑧）	給食時間中、食べ物や食器を丁寧に扱わない子がいました。当時読んでいた本に「食事の裏に100人の手」という言葉を見つけ、説話の素材にしようと思いました。
創る力 （小技⑩）	三択クイズにして選ぶ演出を取り入れることで、子どもたちにとって挙手をして考えてみたくなるようにします。
見せる力 （小技①）	言葉が難しい場合は画像を見せてイメージ化します。こうすることで、どんな話が始まっていくのかが分かりやすくなります。
話す力 （小技④）	「正解は」の後はたっぷりと間をおきましょう。程よくもったいぶることで子どもたちの知的好奇心をくすぐります。
つなぐ力 （小技④）	実際にだれの手がどんなところで携わっているのかを調べてみても良いでしょう。道徳科だけでなく、家庭科や総合的な学習の時間の学習にもつながっていきます。

89

先人の知恵に畏敬の念をもって学ぶ

あなたが一番かしこくなれる

素材 偉人たちの写真

ポイント 先人たちの知恵の積み重ねの上に立って私たちは新しい知恵を学ぶことができます。この学ぶ喜びは、先人たちへの畏敬の念をもって味わいたいものです。こうした感覚を子どもたちに分かりやすく伝えることができれば、学習への意欲を高めるきっかけとなります。

対応する内容項目 感動、畏敬の念

提示 》》生きた時代の違う偉人の写真を複数並べて見せる

紫式部	豊臣秀吉	坂本龍馬

学年に応じてイメージしやすい人物の写真を選びましょう

この中で、一番かしこい人はだれでしょう。

どの人も「かしこい」と言われるエピソードがある偉人たちですから、かしこさを比べることは難しいかもしれません。しかし、こんな考え方があります。

提示 》》生きた時代が新しい人ほど、その人はかしこい。

つまり、この中だと坂本龍馬が一番かしこいと言えます。なぜ生きた時代が新しい人ほど、その人はかしこいと言えると思いますか？ 指名 》》

それは、人が学ぶということは、今まで生きてきた人の知恵を借りて新しい知恵を生み出すことだからです。生きた時代が新しい人ほど、今まで生きてきた人の知恵をたくさん借りることができます。すると、たくさんの新しい知恵を生み出すことができ、かしこくなれるのです。　ということは、どんな時代の偉人たちよりも一番かしこくなれる人は誰だと思いますか？

　それは……あなたたちです。

板書 ≫ あなたが一番かしこくなれる

なぜなら、あなたたちが一番新しい時代を生きているからです。みなさんは、先生よりもかしこくなれるチャンスに恵まれているのです。

　今まで生きてきた人の知恵をたくさん集めて1冊の本にしたのが教科書です。これは人が学んでいく上で最高の道具です。この道具を使いこなし、かしこい人になってみませんか？

『とっておきの話』を生み出す5つの力

探す力 （小技③）	教科書を読んでいると、先人たちの知恵の積み重ねを深く味わうことができ、畏敬の念が湧いてきます。この感覚を子どもたちと共有する試みです。
創る力 （小技②）	「偉人たちよりも自分がかしこくなれる」を演出できるような話の流れを意識しました。導入では偉人たちに、終盤では自分たちに焦点を当てて創っています。
見せる力 （小技①）	聞き手の子どもたちにとって誰が見てもすごいと思えるような人物の写真を選んで見せましょう。ギャップがあるほど印象的に伝わります。
話す力 （小技④）	「それは……あなたたちです。」の前はたっぷりと間をおきましょう。まさかの答えに驚く子どもたちの反応を確かめながら、前向きな気持ちで話を締めくくります。
つなぐ力 （小技③）	教科書には、先人たちの知恵の積み重ねを感じられる箇所がたくさん掲載されています。折を見て具体的に紹介する時間を設けてみてはいかがでしょうか。

90

目の前の景色に感動する心を育てる

見えているのはね

素材 研修会で学んだこと、永楽屋の手ぬぐいの柄をイメージした絵

ポイント ほんの一部を見ただけで全体を理解した気になっている子を見ると、もったいない！ と思います。そんな子には、「見えないものも見る」視点を与えると、目の前の世界の景色が一気に変わります。本来学びとは、世界を彩り豊かに見つめ直す営みです。ここに大きな感動があるはずです。

対応する内容項目 感動、畏敬の念

提示 》》見えないところに動物が隠れていそうな絵

　これは、先生が最近見つけた絵です。この中に、カエルは何匹いるでしょう。
指名 》》

　3匹。なるほど……見えているのはね。
カエルは本当に3匹しかいないのかな？ 指名 》》

　もしかしたら、蓮の葉の下にカエルがいるかもしれないし、水の中に潜っているカエルがいてもいいですよね。
　同じようなことが、カエル以外にも言えませんか？ 指名 》》

　同じ質問を先生の友達にしたところ、その人は「太陽も見えるよね」と言いました。みなさんには太陽が見えますか？　見えているものから天気は晴れであると予想できることから、太陽の日差しがあるはずだと感じたのでしょうね。

板書 ≫ 見えないものでも、見えていたっていいものはあるはずだ。

　みなさんが目で見ているものは、自分が思っているよりも部分的でしかありません。本当は見えないところに、見えていたっていいものがたくさんあるのです。このように、部分から全体を想像する力があると、世界を見る目が変わってきます。あらゆる景色に感動できるようになります。世界はみなさんが思っているよりも、ずっと面白い景色が広がっていますよ。

『とっておきの話』を生み出す5つの力

探す力 （小技④）	ある日、研修会で「部分と全体の見方」の大切さについて学びました。永楽屋の手ぬぐいの柄が素材として魅力的に感じ、自分も購入してみました。
創る力 （小技②）	前半部分は指名によって子どもたちから出てくる意見を中心に「3匹のカエル以外にも見えるものはないか」を探っていきます。後半部分は「部分と全体の見方」の大切さについての語りで構成しました。
見せる力 （小技③）	手ぬぐいの柄をイメージした絵に素材としての魅力が詰まっているので、他に見せるものは板書の言葉のみだけに焦点化しました。情報量が多くなり過ぎないように気を付けます。
話す力 （小技②）	「その意見、面白いね」「こんな意見、面白いですよね」といったスタンスで話を進めていくことで、子どもたちも興味津々に話を聴きます。
つなぐ力 （小技③）	理科の観察の授業や社会の校外学習においても「部分と全体の見方」で考える時間は大切にしたいですね。「見えていたっていいもの」を想像することは楽しいですよ。

91

見られている意識をもつ

みんな自分を、広告してる。

素材 earth echology 広告ポスター

ポイント 見られているという意識をもつことは、子どもの成長にとって大きな意味をもちます。自分のことを見てくれている人の存在が努力の原動力となるのです。子どもの承認欲求を刺激する説話です。

対応する内容項目 よりよく生きる喜び

最近、こんなポスターを見つけました。

提示≫ みんな自分を、□□してる。

□にはどんな言葉が入ると思いますか?

正解は……「広告」という言葉が入ります。

自分を広告してるってどんな意味なのでしょう? 指名≫

　みなさんは、広告というと何を思い浮かべますか?　たとえば、スーパーのチラシも広告、テレビのCMも広告、映画の予告も広告、YouTube を観る時に広告が表示される時もありますよね?　広告するとは、お知らせしたいことを他の人にアピールすることを言います。

　「みんな自分を、広告してる。」とは、人は自然と、「自分とはこんな人ですよ」と他の人にアピールしているという意味です。ちなみにこのポスターは、服を売っているお店の広告ポスターでした。どんな服を着ているかは、どんな人かをアピールする方法の一つですよね。

自分を広告する方法は、服だけではありません。

あなたのその姿勢も、言葉づかいも、表情も、身だしなみも、すべて広告する方法になります。気を付けないといけないのは、いつの間にか自分が気づかないうちに「自分とはこんな悪い人ですよ」と広告してしまっているかもしれないということです。

もしかして自分のこんなところが、相手にこんなふうに広告してしまっていないか。そんな意識で自分をふりかえってみると、意外と直すところが多く見つかるかもしれません。

どうせなら、ステキな自分を広告したいですよね。

『とっておきの話』を生み出す5つの力

探す力 （小技③）	広告ポスターは素材となる可能性が高いです。なぜなら、多くの人の目に留まるような工夫が凝らされているからです。
創る力 （小技⑩）	導入部分に出合わせたい素材と出合う演出を取り入れることで、その後の語りも最後まで集中して聴けるような話の構成を意識して創りました。
見せる力 （小技⑩）	素材となったポスターをそのまま見せることで、強く印象付けます。あえて手を加えず提示した方が良い場合も多くあります。
話す力 （小技①）	時には話し手の力に任せてじっくりと語る話し方も良いでしょう。聞き手の反応を確かめながら、声の強弱や抑揚を意識して話してみましょう。話し手自身の力試しにもなります。
つなぐ力 （小技②）	ステキな自分を広告している子を全体の場で紹介していきます。具体例が挙がっていくことで、真似したくなる子も増えていきます。

92

揃うことに喜びを感じる

物を揃えることは、心を揃えること。

素材 物が揃っていない写真と揃っている写真

ポイント 何かを揃えるということは日常生活の中でいくらでもできることです。揃えようと思う気持ちは、揃っていることが気持ちいいという感覚から育っていくと思います。そこから、周りの人たちと心を揃えて何かを行うことへの喜びも感じて生きてほしいです。

対応する内容項目 よりよく生きる喜び

提示 》**物を揃えることは**

　この後、どんな言葉が続くのかを考えながら今日の話を聞いてみてください。

提示 》**靴の両足が揃っていない写真と揃っている写真**

　みなさんは、どちらが気持ちがいいと感じますか？ 挙手 》

　揃っている写真の方が多いですね。もっと気持ちがいいと感じる写真があるのですが、何だと思いますか？……これです。

提示 》**学級の児童数分の靴の両足が揃っていない写真と揃っている写真**

　一人が揃っているより、みんなが揃っている方が気持ちよく感じますね。

提示 》**トイレのスリッパを揃える前と揃えている間と揃えた後の写真**

　この３つの写真の中で、どの写真が気持ち良く感じますか？ 挙手 》

指名 》揃えている間の写真に手を挙げた子に理由を訊く。

　なるほど。揃えた後だけでなく、みんなで揃えている間も気持ちよく感じるんだね。では、今からある物をみんなで揃えてみましょうか。

　教室の机の椅子を揃えてみてください。どうぞ。

　気持ちよく感じた人？ 挙手 》

では次は……　演出 》》　手拍子をする

これも広い意味では物です。みんなで揃えてやってみましょうか。

演出 》》 みんなでタイミングを揃えて一緒に手拍子をする

気持ちよく感じた人？ 挙手 》》

さて、そろそろ最初見せた言葉の続きが分かったかな？……では答え合わせ。

提示 》》 物を揃えることは、心を揃えること。

　なぜ物を揃えることが気持ちよく感じるかというと、それを一緒に揃えた人たちと心を揃えることにつながるからです。これからの人生、いろんなことがあるかもしれませんが、揃うって気持ちがいいなぁという気持ちを大事に生きれば、自分と心が揃う人との出会いや関わりを楽しめる人生が待っているはずですよ。

　先程みんなで揃えた教室の机と椅子、本当に気持ちがいいですね。

『とっておきの話』を生み出す5つの力

探す力 （小技⑧）	「心を揃える」と口で言うのは簡単ですが、そのイメージは曖昧です。物を揃えるという具体的な子どもたちの姿を素材に、「心を揃える」イメージを具体化します。
創る力 （小技⑩）	キーワードとなる言葉をサンドイッチにして、一緒に揃えてみる演出や挙手、指名をメインに話を構成してみました。気分よく話を聴ける工夫です。
見せる力 （小技⑦）	ビフォーアフターと言われる2枚の写真を提示して比べることはよくありますが、さらに過程の写真も入れて3枚で比べて見ると思考の広がりが生まれます。こうして揃えている間の気持ちよさも伝えます。
話す力 （小技②）	挙手の数や指名で出てきた意見に対して「なるほどね」と反応を返しながら話を進めていきます。
つなぐ力 （小技①）	物を揃えている姿や揃った姿を見つけたら「心が揃ってきましたね」と価値づけしましょう。「他に揃えられそうなところはないかな？」と子どもたちと一緒に探してみる時間もステキです。

93

悩みとの向き合い方を考える

悩みの10年後

素材 「朝礼スピーチ雑談　話しベタなあなたに贈る　そのまま使える話のネタ100」西沢泰生／かんき出版　2017年出版

ポイント 生きていく上で、悩みはつきものです。子どもたちも、将来生きていく中でさまざまな壁にぶつかり、悩む瞬間も訪れることでしょう。どんな悩みかは分からなくても、向き合い方は今のうちに考えることができます。

対応する内容項目 よりよく生きる喜び

板書 ≫ 悩み

　みなさんは、今何か悩んでいることがありますか？

　悩むことは大切なことですが、悩みすぎていつまでもくよくよしているのは心に良くありません。そんな時は、今悩んでいることは、10年後も同じように悩んでいるかどうかを考えてみましょう。こんな話があります。

演出 ≫ ○を6つ板書。その横に□を4つ板書。さらにその横に△を2つ板書

　今、どんなに真剣に悩んでいることでも、10年経てばその悩みも、6文字か4文字か2文字の言葉に変わるそうです。○や□や△に、どんな言葉が入るか分かりますか？

板書 ≫ わ・ら・い・ば・な・し

　6文字とは「わらいばなし」。

板書 ≫ お・も・い・で

　4文字とは「おもいで」。

板書 ≫ ネ・タ

　2文字とは「ネタ」。

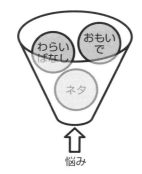

今は悩んで辛いことも、10年後は笑って話せるはず。

悩みすぎないように、自分を信じて進んでいきましょう。

「時間が解決してくれる」という言葉は、信じていい言葉ですよ。

そして、その時間は、必ず流れていくのです。

『とっておきの話』を生み出す5つの力

探す力 （小技⑤）	6文字・4文字・2文字の部分だけを引用し、あとは自分なりに伝えたい言葉をつなげて作り直そうと思いました。端的な言葉は素材として魅力を感じます。
創る力 （小技⑩）	文字数を先に伝えてどんな言葉なのかを想像する時間を与えます。合言葉になる言葉と子どもたちをどう向き合わせるかを考えて演出します。
見せる力 （小技⑧）	あえて1文字ずつゆっくりと板書して見せましょう。「わらいばなし」「おもいで」「ネタ」の3つの言葉が強く印象に残るでしょう。
話す力 （小技⑤）	悩みが尽きないことに共感をしながらも、最後は前向きに終われるように「時間が解決する」と「その時間は必ず流れていく」の2つの言葉を優しく伝えます。
つなぐ力 （小技⑦）	何かに悩んでいる子がいたら、この話を思い出すよう声かけしてみましょう。また、まだこの話を知らない子に知った子から紹介させてみるのも良いでしょう。

94

悩んでいる時の心構えを知る

心の宿題がちがう

[素材]「多分そいつ、今ごろパフェとか食ってるよ。」Jam（サンクチュアリ出版）

[ポイント] 人が生きていく上での悩みの大半は人間関係の悩みだと言われています。だからこそ、人間関係の悩みを軽くするような考え方を身に付けていきたいです。それは自分の心を自分で守ることにもつながります。

[対応する内容項目] よりよく生きる喜び

[板書]》**くよくよ**

　みなさんは、何か自分の失敗が原因でくよくよと悩んだ経験はありますか？
ある人？[挙手]》特に「相手はどう思っているかな？」「嫌われていないかな？」といったことでくよくよと悩みやすいと思います。

　そんな時、いつまでもくよくよせずに落ち着きを取り戻し、前を向いて生きていくためにはどうしたら良いのでしょう？

　最近、こんなタイトルの本に出合いました。

[提示]》**多分そいつ、今ごろパフェとか食ってるよ。**

　どんな意味の言葉だか分かりますか？　これは、4コマ漫画の本です。相手に対して自分がくよくよと悩んだり、イライラしたりしている間、その人は今ごろ何も気にせずパフェとか食べてるよということなのです。このように、相手は自分が思っているほど自分のことについて何も思っていないのです。

　そうは分かっていてもどうしてもくよくよと悩んでしまうという人に、今日はこんな言葉をプレゼントします。

[板書]》**心の宿題がちがう**

　どんな意味の言葉だか分かりますか？

　人には、「心の宿題」というものがあります。これは、心の中で自分が思ったり

考えたりすることです。実は、自分と相手では、心の宿題がちがうのです。

提示 》》

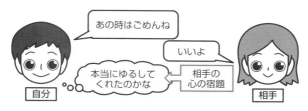

あの時はごめんね

いいよ

本当にゆるして
くれたのかな

相手の
心の宿題

自分

相手

　例えば、自分が相手に謝らないといけないことがあって謝ったとします。相手は
「いいよ。」と言ってくれました。その後、本当にゆるしてくれたのか不安になってく
よくよと悩みはじめたとします。でも、ゆるすかゆるさないかを決めるのは、あな
たではなく相手なのです。こういう「自分ではなくて相手の心の宿題については考
えなくていい」と思うだけで、くよくよと悩むことが減っていきます。

　相手をコントロールすることはできない。でも、自分の心との向き合い方はコン
トロールすることができます。この先も悩んだらぜひ心の宿題のちがいを意識して
みてください。

『とっておきの話』を生み出す5つの力

探す力 （小技⑩）	本のタイトル名はあくまでもサブとして、メイン素材である「心の宿題」についての考え方に向けてのステップ素材として扱っています。
創る力 （小技⑧）	既にくよくよと悩んでいる子に対していきなり「くよくよとしないで」と伝えるのは酷です。だからこそ、スモールステップで希望を抱けるように話を創ります。
見せる力 （小技③）	図解を提示することで、抽象概念の具体化を図ります。さらに図中のどこに着目するかも臨機応変に示して見せるとより具体化されます。
話す力 （小技②）	具体例として挙げる会話は、子どもたちがしそうなやり取りを話してみてください。あるあるなケースほど共感を得て自分事として考えるようになります。
つなぐ力 （小技⑦）	くよくよと悩んでいる子の相談に乗る時は「自分と相手の心の宿題を整理してみようか」と声かけし、悩みを書き出して一緒に整理してみましょう。

95

多様な価値観を楽しんで生きる

賛否両論ではなく、賛否虹論。

[素材] オリジナル

[ポイント] 賛成か反対か自分の立場を表明する場は学校生活の中でもたくさんあります。しかし、本来世の中は二者択一で物事の全てを判断することは難しいはずです。賛成と反対の間にも多様な価値観があることを知り、それを楽しめてこそ、自分の価値観も豊かに広がっていくことでしょう。

[対応する内容項目] よりよく生きる喜び

板書》 賛成　反対 ＜ 学年に応じて「賛成」「反対」の意味を説明しましょう

　誰かの意見に賛成したり、反対したり。これは、みなさんが大人になってからもしていくことになります。その時、賛成の人だけの時や反対の人だけの時は少なく、必ず賛成の人も反対の人もいるはずです。

板書》 賛否両論

学年に応じて「価値観」の意味を説明しましょう

　これを賛否両論と言います。賛成の意見も、反対の意見もあると受け止めるだけでも、自分の価値観は広がり、人に優しくなれます。これを色に喩えると

提示》

　このように白も黒もあるイメージです。みなさんが賛成か反対かを考えて選ぶ時、白か黒かを決めているのです。

　でも、これだけでは自分の価値観は「白から黒へ」か「黒から白へ」しか広がりません。
　先生は、賛否両論ではなく、こんな言葉を作ってみました。

板書》賛否虹論

賛否「こう」論と読みます。「こう」は「にじ」という漢字が使われています。

白か黒かではなく、人の価値観は虹色なのです。

提示》

赤	橙	黄	緑	青	藍	紫

これなら、もっと自分の価値観が広がりそうに感じませんか？

このように人の価値観は、白か黒かだけでなく、その間にたくさんの色があるのです。虹の色は七色と言われますが、本当はもっとたくさんの色で虹ができています。同じ赤でも明るさや濃さの違いでさまざまな赤があるのです。それぐらい、人の価値観というのはいろんな価値観があるのです。

時には賛成か反対かのどちらかだけを選ぶこともあるでしょう。でも、それだけではない価値観があると知っておくと、自分が生きていく上で役に立つ瞬間があるでしょう。

白か黒かではなく、虹色の価値観を楽しんで生きてください。

『とっておきの話』を生み出す5つの力

探す力 （小技⑨）	賛否両論という言葉をなんとなく思い浮かべていたら、1文字変えてみたら面白そうだと思い、「虹」という漢字を当てはめてみました。
創る力 （小技①）	「賛成」「反対」「価値観」という言葉の意味を知っている子を対象に創ってみました。だれを対象にした説話なのかを明確にします。
見せる力 （小技②）	色が与えるインパクトは強く記憶に残すことができます。特に虹色を表現する時には、七色を同時に見せてみましょう。
話す力 （小技①）	疑問形で呼びかけた後は子どもたちの反応をよく見て話してみてください。対応次第で、別の呼びかけも試してみましょう。
つなぐ力 （小技⑥）	自分とは違う価値観を楽しむために、日頃から授業の発言に対して温かい反応を返せるように子どもたちと一緒に価値観の多様性を楽しむことを心がけましょう。

96

前を向いて生きる

もっと楽しくなるよね

[素材] アニメ「とっとこハム太郎」

[ポイント] 一面的な楽しさだけに目を向けていると、生きていく上で気持ちの浮き沈みが激しくなり、心の不安定につながってしまうかもしれません。一面的ではなく、多面的な楽しさに目を向け、希望を抱いて未来へと進み続ける。そんな前向きに生きる姿勢の大切さを子どもに伝えたいです。

[対応する内容項目] よりよく生きる喜び

[提示]》》ハム太郎　の画像

　みなさんは、「とっとこハム太郎」というアニメを知っていますか？
　先生は子どもの頃、よく観ていました。

　ハムスターを主人公にしたお話なのですが、大人になってから見直したら、ハム太郎じゃなくて、ハム太郎を飼っている飼い主のろこちゃんという女の子がすごいと思いました。

[提示]》》ろこちゃん　の画像

　この子が飼い主のろこちゃんです。

[提示]》》ろこちゃんが日記を書く画像

　ろこちゃんはいつも、寝る前に日記を書くのですが、書き終わるといつもハム太郎に向かってあるセリフを言います。面白いのが、このろこちゃんのセリフは、第1話から最終話まで、いつも同じセリフなのです。
　どんなセリフだと思いますか？……こんなセリフです。

提示》》 今日はとっても楽しかったね。明日はもっと楽しくなるよね。

　ろこちゃんのすごいところは、悲しい出来事があった一日の終わりにも、このセリフを毎日言っているところです。今日はいろいろあったけど楽しかった。明日はもっと楽しくなると信じている。

　ろこちゃんみたいに、みなさんも寝る前に楽しい気持ちで一日をふりかえられたらステキですね。その第一歩として、試しにみんなでこのセリフを言ってみましょう。

斉読》》 今日はとっても楽しかったね。明日はもっと楽しくなるよね。

『とっておきの話』を生み出す５つの力

探す力 （小技③）	アニメ「とっとこハム太郎」は子どもの頃によく観ていたアニメでした。ある日、再放送を観ていた時にろこちゃんがいつも同じセリフを言っていることに気付き、そのセリフの意味に感動して素材にしました。
創る力 （小技③）	一見何の変哲もないセリフの魅力が伝わるように、どんなシチュエーションでも同じセリフを言い続けているろこちゃんのすごさに焦点を当てて創りました。
見せる力 （小技①）	このアニメを知らない子でも分かりやすくイメージできるように、複数の画像を提示しながら話を進めていきます。
話す力 （小技⑨）	一番注目させたいセリフは、ろこちゃんになりきって明るい声で伝えます。声の出し方を変えることで、どんなシチュエーションでも前向きな心を忘れない強さを伝えます。
つなぐ力 （小技④）	帰りの会が終わり、さよならのあいさつをする前にこのセリフをクラスのみんなで一緒に言ってみるのはどうでしょう。セリフがクラスの合言葉となり、毎日が楽しく終われそうです。

97

人生を花で彩る

毎週咲かせる一輪の花

素材 オリジナル

ポイント 人生を送る中で、私たちは普段何気なく曜日に従って生きています。その曜日に温かい意味をもたせたら、一日一日を大切に生きる喜びを感じられるかもしれません。それは、人生を彩ることにもつながります。

対応する内容項目 よりよく生きる喜び

板書》》月曜日　火曜日
　次は何曜日ですか? 指名》》
板書》》水曜日　木曜日　金曜日　土曜日　日曜日
　この中でも、金曜日は「花の金曜日」と呼ばれています。
板書》》「金曜日」の上に「花」
　略して「花金」です。では、他の曜日にもこのような呼び名を付けるとしたら……みなさんならどんな呼び名を付けますか?

板書》》「月曜日」の上に「種」
　月曜日は、「種の月曜日」です。一週間が始まる月曜日に、みなさんは誰しも自分の心に種をまくのです。今週もステキな花を咲かせられるようにと願いながら。
板書》》「火曜日」の上に「芽」
　一日がんばると、それが心の水やりとなって芽が出ます。これが火曜日です。
板書》》「水曜日」の上に「葉」
　また一日がんばると「葉の水曜日」を迎え、さらに一日がんばると
板書》》「木曜日」の上に「蕾」
　「蕾の木曜日」を迎えます。
　そして、金曜日には、心の中に一輪の花が咲きます。
この花は、一週間がんばった人に咲くステキな花です。
提示》》一輪の花の画像または写真

土曜日は土を耕し、日曜日はお日様に当たります。

板書≫土曜日の「土」と日曜日の「日」に○をつける

　月曜日に次の新しい種をまく準備をするのですね。**板書**≫「月曜日」の上に書いた「種」の文字を指さすそして、また一週間かけて一輪の花を咲かせます。

　こうやって人は、毎週一輪ずつ、自分の心の中に花を咲かせていくのです。この花は、誰かと比べるものではありません。あなたにしか咲かせられなかった花であり、誰も同じ花を咲かせません。色も形もまったく違うでしょう。この一輪の花が毎週集まっていくと、どうなりますか？　そう、花束になりますよね。あなただけの花束が、あなたの人生を彩ってくれるのです。みなさんはこれからどんな花束をつくり、どんな人生を送りたいですか？

演出≫【月曜日にこの説話を披露するなら】
　今日からまた、心の中に新しい種をまいていきましょう。

演出≫【金曜日にこの説話を披露するなら】
　今週もステキな花が咲きましたね。お疲れ様でした。

『とっておきの話』を生み出す5つの力

探す力 （小技⑨）	金曜日に花金という呼び名があるのなら、他の曜日にも呼び名を付けようと自分なりに考えました。
創る力 （小技⑥）	何曜日に話をしてもいいように、最後の締めくくりだけ変えられるような話の構成を意識し、全ての曜日についての話題に触れながら創りました。
見せる力 （小技③）	花が咲くまで育てていく過程が分かるような構造的な板書を心掛けます。最終的には見る人を感動させる板書を目指してみましょう。
話す力 （小技⑨）	板書中に話のテンポが崩れないように気を付けます。板書に気を取られすぎずに話すバランス感覚を身に付けたいです。
つなぐ力 （小技④）	これから曜日に合わせて提示した呼び名を使ってみましょう。子どもたちもそれぞれの曜日の意味を意識しながら過ごすようになります。

4章　生命や自然、崇高なものから学びたくなる『とっておきの話』

自分と世界との結びつきを感じる

バタフライ効果

素材 バタフライ効果、「風が吹けば桶屋が儲かる」の意味

ポイント 自分の行動は世界から見ると小さなものに見えるかもしれません。生きていく上で「どうせ無理」といった諦めが生じるのもこのことが原因である場合もあります。しかし、自分の小さな行動は時として巡り巡って世界に大きな変化を生むことにつながるかもしれないという視点で生きることで、自分の行動1つ1つに意味を見出す前向きな姿勢が身に付きます。

対応する内容項目 よりよく生きる喜び

提示》》ブラジルとアメリカの位置関係が分かる地図
　ブラジルとアメリカはどこにありますか。指名》》

提示》》蝶の写真
　みなさんは、ブラジルでの蝶の羽ばたきは、将来そこから遠く離れたアメリカで竜巻を引き起こすかもしれないと言われたら、信じますか。

板書》》バタフライ効果

　この現象を「バタフライ効果」と言います。これと似た意味のことわざが日本にもあります。

板書》》風が吹けば桶屋が儲かる

　風が吹くだけで桶屋さんが儲かるということわざです。「バタフライ効果」も「風が吹けば桶屋が儲かる」も、一見関係のないような小さなことが、意外なところで大きな変化を生み出すことにつながるという意味です。

板書 》蝶の羽ばたき　そよ風

　みなさんがこれから生きていく上でする行動1つ1つは、世界から見ると蝶の羽ばたきやそよ風のように小さな行動なのかもしれません。所詮人間一人でできることなんて限られていますから。

　でも、もしかしたら自分のその小さな行動によって、思わぬところで世界に大きな変化を生み出しているのかもしれないのです。だから人が生きていく上で無駄な行動なんてものはないのです。そして、どんな影響を世界に与えられるかどうかは、その人がどんな行動を積み重ねたかによって変わるのです。

　これからの人生も、蝶のように羽ばたいて意味のある行動を続けていきませんか？　将来、世界で思わぬ竜巻が起きるかもしれませんよ。自分と世界は、案外強く結びついているものです。

『とっておきの話』を生み出す5つの力

探す力 （小技③）	数学の初期値鋭敏性理論から始まるバタフライ効果をテレビで知った時は、自分と世界が強く結びついていることを実感しました。こうした感覚は、より良く生きる喜びとして素材になると考えました。
創る力 （小技③）	バタフライ効果を信じるか信じないかの選択は聞き手に委ねながらも、「信じてみたら生きる喜びを深く味わえそうですよね」と提案する形にして自分事へと落とす方向性で創りました。
見せる力 （小技①）	「バタフライ効果」を提示する前に具体的なイメージができる地図や写真を見せることで、初めて出合う言葉への抵抗感を下げています。
話す力 （小技③）	話の終盤の語りは、先生自身もワクワクするように話してみてください。「信じてみたら面白そうかも」と子どもたちに思わせられるような口調で話します。
つなぐ力 （小技②）	バタフライ効果のようなエピソードに出合ったら折を見て子どもたちに紹介してみましょう。自分と世界との結びつきをより強く感じられるようになるでしょう。

99

将来の夢との向き合い方を考える

夢が叶う花 〜走りながら見つける夢〜

素材 オリジナル

ポイント ここで言う「走り続ける」というのは、「やり続ける」と「新しく挑戦し続ける」といった意味を総合した比喩表現です。「継続力」と「変革力」は人生において重要な力であると考えます。両者は相反するようで人生を走り続けるためのタイヤの両輪なのです。どちらも大切にしながら、自分の夢を叶え、人生を楽しめる子に育っていってほしいと願っています。

対応する内容項目 よりよく生きる喜び

板書 》夢

みなさんは、将来の夢がありますか?
ちょっと立ち止まって考えてみてください。

はい、何か将来の夢が思い浮かんだ人。 指名 》
なるほど。思い浮かんだ人もいれば、思い浮かばなかった人もいますね。

板書 》》夢が叶う花

もし、見ただけで自分の夢が叶うような花があったら、みなさんは見に行きたいですか?
そんな花、いったいどこに咲いているのでしょうね。でも、先生の人生を振り返ると、「あれは夢が叶う花を見つけた瞬間だったなぁ」という思い出がいくつもあります。それは例えば、夢だった先生になった瞬間や夢だった自分の子どもが産まれた瞬間などです。

実は、夢が叶う花を簡単に見つける方法があります。知りたいですか?
これです。

板書 》》走りながら見つける

　同じ場所にいつまでも立ち止まっていると、目の前の景色は変わりません。そこに夢が叶う花が無ければ、どれだけ探してもずっと見つからないままです。

　でも、走り出すと目の前の景色はどんどんと変わっていきます。すると、夢が叶う花がどんどん見つかっていくのです。

　先程、自分の将来の夢について立ち止まって考えた時、思い浮かばなかった人もいましたよね。でも、それでいいのです。なぜなら、まだ走り出していないからです。あなたの夢が見つかるかどうかや、その夢が叶うかどうかは、これからあなたがあなたの人生を走りながら分かってくることなのです。

　時には休むために立ち止まるのも良いでしょう。でも、走り続けることを忘れずに生きる。つまり、「やり続けること」と「新しく挑戦し続けること」を忘れずに生きるのです。そうすれば、きっとあなたも出合えるはずです。あなただけにしか見つけられない、夢が叶う花に。

『とっておきの話』を生み出す5つの力

探す力 （小技⑨）	「夢が叶う花」という比喩表現は、何気なく実家の庭先の花に水やりをしている時、自分で思い付いたものです。突然閃く素材もあります。
創る力 （小技⑨）	将来の夢が思い浮かぶ子にも、思い浮かばない子にも寄り添えるような説話になるよう、両者への共感を心掛けて創りました。
見せる力 （小技③）	子どもたちの実態に合わせて、夢が叶う花が見つかる過程を絵に描いて見せてみましょう。このように、自分の将来の夢との向き合い方をイメージ化します。
話す力 （小技②）	子どもたちの将来の夢を指名によって聞く場面では、どんな夢も肯定的な言葉を切り返しながら聞きましょう。
つなぐ力 （小技②）	先生自身の夢が叶った瞬間について、もう少し深く子どもたちに思い出を紹介してみても良いでしょう。興味を一層惹きつけます。そして、モデルを知ることで人生に希望を抱くことができます。

100

世の中全てを面白がる態度を養う

おもしろ探し

素材 オリジナル

ポイント 世の中全てが説話の素材になると思っています。なぜなら、自分が世の中を面白がる態度でいれば、自然と面白い物に出合えるからです。これは説話つくりが目的でない子どもたちにも大切にしてほしい生きていく上での態度です。世の中を面白がる人の人生は面白くなると思います。

対応する内容項目 よりよく生きる喜び

板書》**とっておきの話**

みんなで読んでみてください 斉読》

いつも先生のお話を聴いてくれてありがとうございます。

この『とっておきの話』は、ある1つのことを意識して作っています。これさえ意識していれば誰でも作れるのです。何だと思いますか？ 指名》

なるほど。本当は秘密だけど、今日は特別に教えます。正解はこちらです。

板書》**おもしろ探し**

何それ？　と思った人もいるでしょう。先生は、世の中からおもしろいものを探すことを意識しています。おもしろいものと聞くと、ゲームやおもちゃを思い浮かべる人がいるかもしれませんね。でも、おもしろ探しの達人はどんな物もおもしろく感じることができるのです。

演出》**A4用紙1枚を面白そうに見る**

例えば、この紙は面白いですね〜。『とっておきの話』になるかは分かりませんが、これだけでなる可能性があります。どんなところが面白いと思いますか？

指名》

先生が面白いと思ったところはね……

演出》》A4用紙の面白いところを話し手なりの視点でいくつか例示する

例）① どうして白色なのだろう？　面白いなぁ。

　　② 触ってみたらサラサラしている。面白いなぁ。

　　③ なぜこの大きさを「A4」と言うのだろう？　面白いなぁ。

どうですか？　ん？　面白くないって？　そう思った人はまだまだおもしろ探しの達人にはなれていませんね。先生はこう思っています。

提示》》世の中全部、おもしろい。

　この世の中は全部、おもしろいもので溢れているのです。物だけでなく、人や出来事も同じです。おもしろいと感じていないのなら、それは自分がその物や人や出来事の面白さに気付いていないだけなのです。世の中全部、本当は面白いのだと信じておもしろ探しをしてみませんか？　おもしろ探しを続けていると、自分だけのとっておきの出合いが生まれるのです。これが先生の『とっておきの話』の秘密です。そんな人生、生きるのが面白くて仕方ないですよ。

『とっておきの話』を生み出す5つの力

探す力 （小技⑨）	とっておきの話づくりそのものも素材になるのではないかと思い付きました。世の中の物事全てが素材になる可能性を秘めているのです。
創る力 （小技④）	「一見面白くなさそうな物も面白がることで、とっておきの話になる」という流れを意識してA4用紙を例示の素材として組み合わせて創ることにしました。
見せる力 （小技④）	A4用紙を面白がる演出の時には、先生の面白がる力が試されます。面白がる姿を見せることでモデルとなり、子どもたちの面白がる態度につながります。
話す力 （小技③）	『とっておきの話』は苦労してつくったものではなく、楽しく創ったものだということが伝わるように話したいです。ぜひあなたも楽しそうに話してみてください。きっと子どもに伝わるはずです。
つなぐ力 （小技②）	面白い物を見つけた子がいたら全体に紹介してみましょう。子どもたちの中からとっておきの話づくりに挑戦する子が現れたら、みんなで一緒に聴いてみましょう。

　私はこれまで、オフライン上でもオンライン上でもたくさんの先生方と対話をしてきました。それは「学級経営とは」という教育哲学の話から、「ネコが大好きなのです」などの何気ない雑談まで、毎回様々なトークテーマで話をしてきました。しかし、どんなテーマであっても行き着く考えは「誰しも『とっておきの話』をもっている」ということです。

　その人が大切にしている考えや価値観はそのまま『とっておきの話』の素材になります。その人が大好きなものはそのまま『とっておきの話』の素材になります。なぜ大切にしているのか？　なぜ大好きなのか？　それを深く掘り下げていくことで、その人にしか語れないとっておきなエピソード素材が得られるのです。

　私が人生で初めて創った『とっておきの話』は、『先生がペンギンを好きな理由』というタイトルです。他の誰の真似でもない、自分の心の内から出てきた素材をもとに創った話です。なぜ私はペンギンが大好きなのか？　を深く掘り下げていくことで、子どもたちにも伝わるペンギンの魅力とそこから学べる思わぬ教育的メッセージがあることに気が付いたのです。

　「『とっておきの話』の中でも特にとっておきな話は何ですか？」という質問をされることがよくあります。しかし、それはありません。ランキングなんてできません。なぜなら、今まで創ってきた全てが私の『とっておきの話』なのですから。まるで我が子のようで自分の分身のようです。そこに優劣なんて付けられないのです。ましてや私の心が感動しないで創った話なんて、聞き手となってくれた子どもたちに失礼です。

　こうした感覚は、きっとあなたも形にしてみれば分かるはずです。あなたの心の内にしかないとっておきな素材を、『とっておきの話』にしてみてください。そうやって生み出された話は、あなたの財産になるはずです。

　そして、あなたが創った話をぜひ、周りの先生と共有してみてください。いつの日か、全国各地でお互いの『とっておきの話』を交流し合うようなコミュニティが先生方の間でできる未来が訪れることを楽しみにしています。私もそのコミュニティにいたい仲間の一人です。

　あなたのとっておきが、みんなのとっておきになりますように。

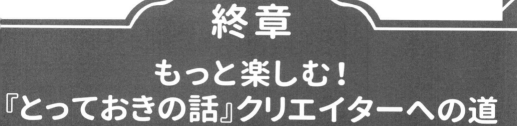

終章

もっと楽しむ！
『とっておきの話』クリエイターへの道

もっと楽しむ！ 『とっておきの話』クリエイターへの道

　本書に掲載されている話を追試実践する（書いてあることをそのまま再現して実践する）のも良いですが、自分なりに応用して実践すると、さらにあなたにとっての『とっておきの話』になるはずです。ここまできたら、あなたはもう『とっておきの話』クリエイターへの道を歩んでいます。

　この章では、No.50「先生がペンギンを好きな理由　〜ファーストペンギン〜」を例にして、説話原稿の具体的な応用の仕方を紹介します。

言葉を優しくする

　ここで言う「言葉」とは、『とっておきの話』の原稿上では2種類の意味を指します。1つ目は、重要なキーワードや今後の合言葉になるような言葉です。No.50の原稿上では『ファーストペンギン』がこれに当たります。2つ目は、キーワードや合言葉以外の言葉です。

　これら2種類の言葉を優しくすると、子どもたちにより分かりやすく話の内容を伝えることができます。低学年や特別支援学級の子ども等、理解が難しい実態の子どもたちにお勧めの応用の仕方です。

　では、実際にやってみましょう。2種類の言葉の例として、『ファーストペンギン』と『安心してもどってこれる居場所』を挙げてみます。次のように言葉を優しくできそうです。

【キーワード】
ファーストペンギン ➡ 1番ペンギン

【キーワード以外】
安心してもどってこれる居場所 ➡ 心がほっとするチーム

いかがですか？　『ファースト』というカタカナ英語よりも『1番』という分かりやすい日本語の方が合う子どももいます。『安心』『居場所』といった言葉に抽象度を高く感じる子には『心がほっとする』といった具体的な現象を表現したり『チーム』といった普段子どもたちの間で使われやすい言葉に置き換えたりします。もちろん、これは正解例ではなくあくまでも一例です。

　みなさんが目の前にしている子どもの実態に合わせて、言葉を優しくしてみてください。また、先程は2種類の言葉共に優しくする方法を紹介しましたが、どちらかを優しくしたり、敢えて優しくせずに残したりする方法もあります。いずれにせよ、子どもたちの実態に合わせることが大前提です。

補足説明や補助資料を入れる

　言葉自体を優しくしなくても、後から補足説明を入れることで子どもたちの理解度が保障される場合もあります。No.50の原稿上では、吹き出しとして『学年に応じて「天敵」の意味を説明しましょう』と補足説明の指示が載っています。他にも、子どもたちにとって理解が難しいであろう言葉を使う時には、臨機応変に補足説明を入れてみてください。

　また、言葉に言葉で説明すると、どうしても話が長くなる傾向に陥ってしまいます。その傾向を解消するのに役立つもう1つの方法が、補助資料の提示です。No.50の原稿上では、集団で立ち止まるペンギンの写真（左の画像）やファーストペンギンの写真、吹雪の中温め合うペンギンの写真（右の画像）といった資料の提示が指示されています。写真だけでなく、イラストや図、動画など、様々な媒体を補助資料として提示してみてください。

集団で立ち止まるペンギンの写真

吹雪の中温め合うペンギンの写真

自分なりの小技を生み出す

　それぞれの『とっておきの話』の最後に、「とっておきの話を生み出す5つの力」の具体的な小技を紹介していますが、これらはあくまでも実際の小技の一部分です。つまり、必ずしも小技をしなければならない訳ではなく、紹介されていない小技を自分なりに生み出して実践するのも良いのです。

　No.50の「とっておきの話を生み出す5つの力」には、それぞれの力を発揮する小技の例として次の5つを紹介しています。

探す力	(小技⑥)【自分で素材を生み出す】
作る力	(小技③)【解釈を付け加える】
見せる力	(小技③)【板書と提示を使い分ける】
話す力	(小技①)【間をおく】
つなぐ力	(小技④)【学級目標や学級通信につなげる】

　たとえば、**話す力**の【間をおく】という小技が子どもたちの実態に合わないと判断すれば、あえて間をおかずに話すのも1つの小技となります。また、**つなぐ力**の【学級目標や学級通信につなげる】という小技と合わせて【褒めて認める、価値づける】という小技も実践するほうが良いと判断される場合もあるでしょう。小技を組み合わせて実践することで、子どもたちに与える印象は大きく変わります。逆に、小技の数が多すぎると話し手が自然体で話せなくなったり、聞き手が混乱したりすることもあるのでご注意ください。

　もちろん、本書に掲載していない小技をお持ちの先生もいるでしょう。本書をヒントに新しい小技を考え、実践するのもまた効果的です。「この小技でなければならない」という思考バイアスに陥らないよう、柔軟に実践してみてください。上手くいったかどうかの答えはあなたの目の前にいる子どもたちが教えてくれます。試行錯誤の過程をお楽しみください。

1つの説話を2つの説話に分けて話す

1つの説話を2つの説話に分けて活用するという応用の仕方もあります。No.50の原稿は前半と後半でそれぞれ別の説話として活用することもできます。例えば、前半は「ファーストペンギンを目指そう」という説話、後半は「みんながファーストペンギンになれるように助け合おう」という説話として活用してみるのはいかがでしょうか。

実際に1つの説話を2つの説話に分けて創り直してみましょう。

No.50前半「ファーストペンギンを目指そう」

先生には、大好きな動物がいます。何だと思いますか？

この動物です。 提示 》》ペンギンの写真

なぜ好きかというと、ペンギンの世界にはとっておきのお話があるからです。聞きたいですか。

ペンギンには、海になかなか飛び込めずにみんなで立ち止まる習性があります。 提示 》》集団で立ち止まるペンギンの写真

海にはエサだけでなく、ペンギンにとっての天敵もいるからです。しかし、その中でも最初に飛び込んだペンギンを「ファーストペンギン」と言います。

提示 》》ファーストペンギンの写真　　板書 》》ファーストペンギン

　学年に応じて「天敵」の意味を説明しましょう

ファーストペンギンが飛び込むと、なんとその後は次々と残りのペンギンが飛び込みます。これもペンギンの習性です。

さて、このファーストペンギンとその後に飛び込んだペンギン、同じでしょうか？ 板書 》》最初の一人

みなさんもファーストペンギンのように、勇気やチャレンジ精神をもって「最初の一人」になれると良いですね。

No.50の後半「みんながファーストペンギンになれるように助け合おう」

　勇気を出して挑戦するために一歩踏み出した最初の一人を「ファーストペンギン」と言いましたね。

　そもそも、どうしてファーストペンギンは海に飛び込めたのでしょう？
　それは、安心してもどってこれる居場所があるからです。

提示》》 吹雪の中温め合うペンギンの写真

　これはどのような様子か分かりますか？　吹雪の時は、どのペンギンも温かくなるように、場所を交代しながら温め合います。このようにペンギンは「助け合う動物」と呼ばれています。だからこそ、安心してもどってこれる居場所ができるのです。

　実はファーストペンギンとなるペンギン、いつも違うペンギンがなるそうです。一羽一羽がが安心して新しいチャレンジができる。それがペンギンなのです。

提示》》

> Ａ　ペンギンたちのように助け合えず、チャレンジもしないさみしい学級
> Ｂ　ペンギンたちに負けずにみんなで助け合い、チャレンジできる学級

　ＡとＢ、みなさんはこれからどちらの学級にしていきたいですか？**挙手》》**
　先生は、大好きなペンギンのように、みんなで助け合い、みんなでチャレンジできるステキな学級をつくりたいと思っています。
　まだ出会ったばかりの先生の話を真剣に聴いてくれたみんなとなら、きっとつくれると信じています。

　このように、１つの説話を２つの説話に分けて活用しても良いのです。逆に、２つの説話を１つの説話にまとめて活用する方法もあります。本書に掲載されている１話分の原稿はあくまで目安として、分けたりまとめたりしてみてください。

説話のカリキュラムマネジメント

『とっておきの話』は、「点」で実践する側面もあれば、「線」や「面」を意識して実践する側面もあります。

たとえば、生徒指導上ピンポイントで子どもと一緒に考えたいテーマがある場合の『とっておきの話』は「点」の実践です。そこに、「何月に何を話すか？」という時間軸を加えることで、話と話がつながり、「線」の実践になります。

さらに、「道徳科授業のどの内容項目を意識して話すか？」という新しい軸を加えることで、複数の軸で話すようになり、『とっておきの話』は「面」の実践になります。つまり、説話も授業と同じようにカリキュラムマネジメントができるのです。「線」や「面」を意識した『とっておきの話』の実践にも、ぜひ挑戦してみてください。

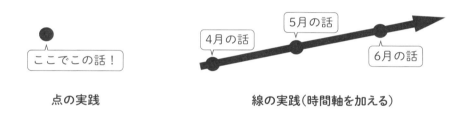

点の実践　　　　　　　　　線の実践（時間軸を加える）

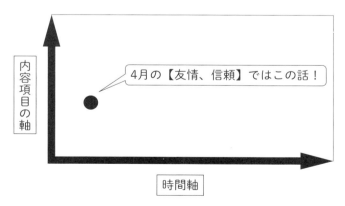

面の実践（時間軸と道徳科授業の内容項目の軸）

『とっておきの話』の道徳科授業化モデル

　それでは、5分の『とっておきの話』自体を膨らませて45分の道徳科授業にすることはできるのか。みなさんはどう思いますか？　私はできると思います。なぜなら、『とっておきの話』の創り方と授業の創り方は似ているからです。導入でいかに興味を惹きつけるか。中盤でいかに素材（教材）との出合いを演出するか。終盤でいかに自分事として考える機会を与えられるか。これらは授業づくりでも意識していることでしょう。ここに、新たな発問や問い返し、話し合い、振り返りの時間を取り入れて5分を45分に膨らませていけば良いのです。

5分の『とっておきの話』の構成例

導入		中盤		終盤	
素材の提示	発問	指名	キーワードの板書	語り	呼びかけ

45分の道徳科授業の構成例

導入			展開			終末		
教材の提示	発問	指名	キーワードの板書	問い返し	話し合い	指名	語り	振り返り

　以上が説話のカリキュラムマネジメントや道徳科授業化の一例です。子どもたちの実態に合わせながら、ぜひお試しください。

　『とっておきの話』をより自分なりに応用する方法として6つ紹介しました。これ以外にも様々な応用の仕方があるでしょう。本書の究極の使い方は、あなたとあなたが目の前にしている子どもたちの実態に合わせた応用の仕方です。『とっておきの話』は、教育実践として様々な可能性を秘めた実践です。新しい応用の仕方を見つけたら、ぜひ私にも教えてください。

おわりに

　おかえりなさい。『とっておきの話』の世界の旅はいかがでしたでしょうか。

　突然ですが、「あなたはどんな先生ですか?」
と質問された時、みなさんなら何と答えますか。
　私はつい数年前まで、この質問に答えられない、何者でもない先生でした。
教育書を読み漁り、教育実践についての情報ばかりが増えていく一方で、自分が
大事にしている教育観や軸にしている教育実践、貫く考え方がまったく見つから
なかったのです。そんな若手だった頃の教師生活は、胸を張れるようなものでは
ありませんでした。学級経営が上手くいかず、教師としての働き方に苦しみ、紆
余曲折の連続でした。心身ともに疲弊し、教員を辞めて転職することを考えた
時期もありました。
　改めて、自分はどんな先生と言えるだろうかとじっくり自問自答してみました。
その結果、私の手元に残ったのが『とっておきの話』でした。これだけは他人に
はない私らしい実践であり、長年続けてきたという事実があったのです。私はこ
こを自分の先生としてのアイデンティティにしようと決意しました。
　そこからの教師生活は、新しい挑戦と振り返りの連続でした。自分の先生と
してのアイデンティティである『とっておきの話』を実践し続けたのです。すると、
目の前の子どもたちや同僚の先生方からステキな反応が返ってくるようになりま
した。また、Twitter上でも、たくさんの先生方から反応をいただき、中には私
が創った『とっておきの話』を追試実践してくださる方も現れました。そんな中
で、私の先生としてのアイデンティティは強化され、自信となりました。
　今、この本を読んでいるあなたにもう一度言葉を少し変えて問います。
　「あなたにとって先生としてのアイデンティティは何ですか?」
　きっとその答えの中に、あなただからこその教育観や軸にしている教育実践、

貫く考え方が見えてくるはずです。そこを明確にし、行動し続けた先生には、周りの人からもステキな反応が返ってきます。昨今は、離職してしまう学校の先生の多さや教員志望者数の低さが取り上げられることの多い教育界です。その原因の一つは、先生としてのアイデンティティをもっていない先生が多いからではないでしょうか。つまり、自信の無い先生が多いのです。子どもだけでなく、先生の自己肯定感も大切に育んでいかないとこの仕事は続けられません。

　教育書を読むと、すばらしい実践の宝庫です。それらから学べることは多く、貴重な時間となるでしょう。しかし、先生としてのアイデンティティをもたないまま吸収してしまうと、理想と現実のギャップにぶつかった時、言い訳を探してしまうのです。「あの先生がすごいからこの実践ができたのだ」「自分には無理な実践だったのだ」というような言い訳です。こうした言い訳を繰り返していくうちに、自分らしさが見つからず、自信を失くしていくのです。こうした自信喪失を防ぐためには、先生も学びのスモールステップが必要ではないでしょうか。

　本書で紹介している『とっておきの話』は、初任の先生にとってもハードルの低い実践であり、「自分でもできるかも」ときっと思っていただけるものです。いきなりすばらしい学級経営を目指さなくていいのです。いきなりすばらしい授業を目指さなくていいのです。まずはたった5分で話せる『とっておきの話』から実践してみませんか？　私と同様に、先生としてのアイデンティティが見つかり、自信をもって教壇に立てる先生が本書を通して増えることを願っています。

　今朝も私はパソコンと向き合い、『とっておきの話』の新作を創り、原稿をTwitter上にアップし続けています。本書を通してまた新しい人とのつながりや温かい交流が生まれるのなら、こんなに幸せなことはありません。

　そして、みなさんにとってもステキな教師生活が訪れることを心からお祈り申し上げます。また、本書を手に取ってくださった全ての読者の皆様お一人お一人に、感謝の気持ちを贈ります。ありがとうございました。

謝辞
── 私のとっておきの人たちに最大限の感謝を ──

人生初の単著出版にあたって次の方々に、最大限の感謝を贈りたいです。

元々苦手だった読書をするきっかけを与えてくれたのは、父方の祖母でした。90歳を超えても毎日読書をし、何歳になっても学び続けることを止めない祖母に、孫が執筆した本を読んでもらいます。おばあちゃん、ありがとう。

読書が好きになってからは、ありとあらゆる本を読み漁りました。その中で出会ったたくさんの偉大な著者の方々に尊敬と感謝の気持ちは絶えません。今こうして自分が著者という立場に身を置けることに、幸せを感じています。ある意味では、先人たちから受けた恩を今度は自分が与える番だと決意し、本書を通じて出会う全ての人への恩返しや恩送りとなれば幸いです。

母方の祖母とは、今でも毎日のようにハガキで文通をしています。祖母から届くハガキには、いつもステキな短歌が引用されています。そのDNAは国語の教師をしていた母にも受け継がれ、私は母が創った川柳をよく聞かされて育ちました。こうした環境で育ったことで、説話を創作する上での基礎的な力が、自然と備わっていったのだと思います。おばあちゃん、母さん、ありがとう。

教職大学院で出会った恩師の授業がきっかけで、私なりの『とっておきの話』実践の着想を得ました。恩師の種まき無しでは、今日のような花は咲かなかったことでしょう。この場をお借りして深く感謝を申し上げます。

父方の祖父は、とにかく人生を楽しむことを忘れない人でした。特に釣りが大好きで、一緒にハゼ釣りへ行った日のことを今でも思い出します。そのDNAは父にも受け継がれ、毎年のように家族をキャンプへと連れて行ってくれました。この度の執筆活動は、人生を楽しむ姿勢を教えてくれた祖父や父の背中があったからこそ挑戦できたのだと思います。おじいちゃん、父さん、ありがとう。

母方の祖父は、私がまだ小学生だった頃に亡くなりました。しかし、たくさん

愛情を注いでくれる人でした。説話をする上で自然と優しい語り口調になるのは、聞き手である子どもたちへ愛情を注ぎたいと願っているからかもしれません。昔、祖父が子どもの頃の私にそうしてくれたように。ありがとう。

　私には、今まで人生で一度もけんかをしたことがない仲良しの妹がいます。そんな妹は天性の子ども好き。彼女の子どもを想う気持ちには見習うものがあります。『とっておきの話』も子どもを想うからこその実践。いつもありがとう。

　まだ若手だった頃、紆余曲折の教師生活の中で心身ともに疲弊していた私を救ってくれたのは妻でした。そして、『とっておきの話』づくりを陰ながら応援し続けてくれました。執筆活動にも理解を示してくれて、ありがとう。

　まだ幼い2人の息子たち。子育てを通して出来た『とっておきの話』も数多くあります。親として育ててくれて、ありがとう。いつか字が読めるようになったら、お父さんが執筆したこの本を読んで、素直な感想を教えてほしいな。

　ここまで応援してくださったTwitter上で出会った仲間たちにも感謝を。

　ネコ先生（@nekosensei0519）との出会い無くしてこの本は生まれていません。編集者をご紹介いただき、私の単著出版を後押ししてくださいました。プロフィールのアイコン絵もありがとうございました。

　表紙や各章の扉のデザインはRemiさん（@geckoowl）が担当してくださいました。私が創り上げたいと願った本書のイメージにぴったりの温かい絵を描いていただきました。ありがとうございました。

　本の執筆を通して感じたのは、編集者という仕事の偉大さです。村田さんには本当に長らくの間、私の執筆活動を支え続けていただきました。もし次の機会に恵まれましたら、ぜひまた一緒にお仕事させてください。

　最後に、職場の同僚の方々と大好きな学級の子どもたちに、最大限の感謝を贈ります。どんな教育実践も、実践する場があってこそ積み重ねられるものです。今後も教師として、日々精進して参ります。決意を新たにして。

　寒空に負けない温かな太陽の日差しの下で　令和4年12月20日　くろぺん

著者プロフィール

くろぺん（@ totteokistory）

公立小学校教諭。教職7年目。教職大学院生時代から始めたとっておきの話づくりを10年以上続け、現場でも実践し続けている。自称「とっておきの話クリエイター」として、Twitter上に450話以上の原稿を公開中。学級経営の考え方や実践をはじめ、教育をテーマにした様々な発信をしている。現在2児のパパとして子育てと仕事に奮闘中。【＃Twitter学級経営部】【＃先生の本棚】創設。LINEオープンチャット「とっておきの素材探し」運営。ブログ「くろぺん先生のとっておきの裏話」（https://penguinsenseinozakkiburogu.blogspot.com/）では、とっておきの話づくりの裏側を綴っている。

こどもの心に響く　とっておきの話100

2023（令和5）年3月1日　　初版第1刷発行

著　者　くろぺん

発行者　錦織 圭之介

発行所　株式会社東洋館出版社

　　　　〒101-0054　東京都千代田区神田錦町2丁目9番1号
　　　　　　　　　　コンフォール安田ビル　2階

　　　　代　表　TEL：03-6778-4343　FAX：03-5281-8091
　　　　営業部　TEL：03-6778-7278　FAX：03-5281-8092
　　　　URL　https://www.toyokan.co.jp

装　丁　neko remi

印刷・製本　岩岡印刷株式会社

ISBN:978-4-491-05095-9　　Printed in Japan